学術研究出版

JN061298

平橋 弘行
Hirahashi Hiroyuki

スペインが好きになる本

P.S.M.Adventure

Alicante

スペイン、観て食べて満喫の旅

ワインの肴にちょっと歴史と雑学を

スペイン旅行を計画中の人であれば、通常、飛行機は値段と時間を考慮して航空会社を選ぶと思います。最も早くスペインに到着できるのはイベリア航空で、現在、成田空港からマドリードまで直行便が飛んでいます。それでもバルセローナやマラガなどいくつかの空港にはヨーロッパの都市経由で、その日のうちに到着が可能なので航空会社を選ぶオプションが広がります。

　旅行者のほとんどが、マドリードかバルセローナに入り、そこから各都市を旅行するというパターンが多く、例えばマドリードに到着した後にアンダルシアかバルセローナへ、またはバスク地方を旅行するという計画を立てるようです。巡礼街道を歩く人はマドリードから列車でレオンかサリアまで移動し、そこからサンティアゴ・デ・コンポステーラまで歩き始めます。

　スペインは、周りは地中海と大西洋の海に囲まれ、フランスとの国境はピレネー山脈が走っています。地域によって気候も違い、何よりも、それぞれの地方に独自の文化があり人々の気質も違います。それは食文化にも当てはまり、各地で異なった新鮮な食材を使った料理を楽しむ事ができます。

　最近は旅行中にミシュランの星付レストランで食事をしたいという人が増えていて、スペインの料理が認められていると嬉しく思います。

　でも、この本では各地方の素材を使った郷土料理を紹介することにしました。また簡単に食事をと考える方には、今では世界中で知られるようになったタパスをお勧めします。

　今回はバルセローナに到着したと想定して、バルセローナからアンダルシア、マドリード、バスク、ガリシアを旅行するというプランで書いてみました。そして交通機関が発達しているので、マドリードから簡単に行けるバレンシアとカスティーリャ・イ・レオン州のブルゴスとレオン、そして巡礼街道の終着地サンティアゴ・デ・コンポステーラがあるガリシア地方を紹介しています。

　各都市で、見学するべきモニュメント、フリーの時間で食べてもらいたい郷土料理、そして料理を更に美味しくしてくれる各地方のワインを紹介することにしました。

　スペインは広く、ヨーロッパの人達のように１ヶ月という長期バカンスが取れない日本人は１週間もしくは10日間でスペイン全土を廻るのは難しいでしょう。まずは一度オーソドックスなプランでよいのでスペインという国を知って頂き、そして感じて頂ければ幸いです。実際にスペインを気に入って何度も訪れる方も多くいます。

　さあ、この本を通じて一緒にスペインを満喫しましょう。

Contents

3

アンダルシア州 —36

マドリード —65

カタルーニャ州

自由と
調和を
愛する人達

バルセローナ

　カタルーニャ州の首都バルセローナの街は碁盤の目のように道路が張り巡らされています。交差点の角は隅切りされ、切り取られた部分に駐車してある車に気付かれるでしょう。そんな道路が造られた時代は、まだ車社会ではなかったので車より馬車の方が駐車スペースを利用していたことでしょう。

　バルセローナの街が都市になりつつあった19世紀に他のヨーロッパの街で、このような完璧な都市計画が進められた例は他にみられません。これはカタルーニャ人が持つ独創性とそれを実行に移す行動力によるものでしょうが、その点からすると、カタルーニャ人の感性は他のスペイン人と違っているかも知れません。

　当時はフランスを筆頭にヨーロッパでアールヌーボーが流行った時代ですが、スペインでその様式を真っ先に取り入れたのはバルセローナでした。スペインではモデルニズムと呼ばれるアールヌーボーをバルセローナの人達は受け入れたのです。もし、ガウディやカダファルクがスペインの他の都市に住んでいたなら、彼らがこれほど活躍出来なかったかもしれません。いずれにしても、新しい様式を受け入れたカタルーニャ人のお陰で、現在我々は彼らが残した建築物を堪能することができます。

　バルセローナ観光にあたり、見学場所は、どうしてもガウディの建築物が主体になる訳ですが、カタルーニャ音楽堂やサン・パウ病院などガウディ以外の建築家の作品も是非見学してください。ただし1日で全てを見学する事は不可能なので、バルセローナには数日滞在されることをお勧めします。

（左より）サグラダ・ファミリア、カタルーニャ音楽堂、カサ・バトリョ、グエル公園

サグラダ・ファミリア

バルセローナで観る

サグラダ・ファミリア (1882-2026)

　1882年にサン・ホセ(聖ヨゼフ)教会の依頼により着工。完成はガウディ没後100年にあたる2026年予定でしたが、コロナウイルスの影響で2020年は工事が中断されたので遅れる可能性があります。

　あまり知られていないようですが、実はガウディは2代目の建築家です。初代建築家であったロサーノが1年間だけ教会建設に従事し地下礼拝堂の外観部分は彼が携わったもので通常のゴシック様式で建てられています。ロサーノを引き継いだガウ

ディは礼拝堂を完成させると、礼拝堂の外壁に蛙やトカゲを付け加え、小塔の先の部分に植物を用いて誤魔化しています。

　晩年のガウディはサグラダ・ファミリア建設のみに力を注ぎ、1926年に路面電車に跳ねられて亡くなるまで生誕の門の工事に携わりました。

　生誕の門は「見る聖書」と言われ、レリーフの一つひとつを見て頂くと新約聖書に書かれたイエスと聖母マリアの物語が刻まれていることが分かります。ですから教会を

見学する前に、聖書を読めとは言いませんが、イエスと聖母マリアの生涯をある程度頭に入れておけば、生誕の門を何倍も楽しむことができると思います。是非、時間をかけてゆっくりと見学して下さい。

サグラダ・ファミリアには3つの門があり、すでに完成している生誕の門と受難の門以外に、栄光の門が建設中です。それぞれの門には塔が4本ずつ建てられると計12本の塔になり、イエスの12使徒を意味します。塔のてっぺんに鶏のトサカのようなものが付けられていますが、それはカタルーニャ地方の司祭の帽子です。

12本の塔で囲まれた教会の中に2つのドームが建設されると、高く聳えるドーム

がイエス、もう一つの低いドームが聖母マリアになります。

生誕の門、受難の門の塔にはエレベーターで上りますが、予約制になっていて人数制限があるので、ギリギリだと予約が難しい場合があります。人気があるのはガウディーが携わった生誕の門の塔で歴史を感じられます。ただし受難の門の方が高い位置まで上がれ、渡り廊下の幅も広いのでゆったりしています。

予約する場合は塔を希望するかどうか選択ができますが、予約が可能であれば是非エレベーター付を予約することをお勧めします。

グエル公園 (1900-1914)

1900年に自然の中の総合住宅というプロジェクトで着工しましたが、1914年に資金不足により工事が中断されてしまいました。完成すれば60軒の家が建つ予定でしたが実際に建てられたのは2軒だけです。その中の、公園内の高い場所にある売却された1軒は今でも住居です。もう1軒はガウディ自身が購入したもので現在ガウディ博物館として一般公開されています。この2軒はガウディの弟子によって建てられたものです。

公園の入口は上下の2ヶ所にあります。観光バスの駐車場がある上の入口から入って、真っ直ぐ道なりに進むと右側に斜面を掘って洞窟のような穴が並ぶ場所に到着します。実は、これらの洞窟は商店になり完成すればこの通りは商店街になる予定でした。店と店を仕切る柱の上にナツメヤシの木が植えられていますが、これらの柱はナツメヤシを表していて、注意してご覧になるとそれが分かります。

通りの下にある広場は公園で、タイル張りのベンチが公園の外周を囲んでいます。使用したタイルですが、ガウディはわざと割ってモザイクにしています。公園から眼下に広がるバルセローナの街と地中海を見渡すことができます。

公園の下は市場になる予定だったスペースで、86本の柱とクーポラで公園を支えています。その天井のクーポラの下が1軒の店のスペースだったようで、吹き抜けになっている3面から自然光が入るように

グエル公園

回廊の列柱

公園のベンチ

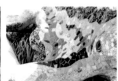

管理人室　　　　　　　　市場のスペース　　　トカゲの像

なっています。

　公園から市場に行くには階段を下りますが、途中に蝶の形をした鉄の門があります。そこから傾斜した柱が並んだ通りがあり、それに沿って坂道を下ると守衛室がある門に到着できます。時間に余裕がある方は歩かれてはどうでしょうか、途中から柱のデザインがナツメヤシから松に変わります。門から市場までは、トカゲの像がある階段を上れば簡単に行くことが出来ます。

　門の左右にある2つの建物は守衛室と管理人室です。入口を入って正面に、馬車や車がバックせずに方向変換が出来るスペースがあります。当時は車社会でなかった時代ですが、ガウディは上の入口付近に車道や高架橋も造っていて、将来の車社会を見越した住宅設計に感心させられます。管理人室の屋根の塔の先が十字架になっていますが、どの角度から見ても十字架に見えるようにダブル十字にしています。

　住宅の完成後には、下の門からまっすぐに大通りが走る予定だったようですが、家屋が建ち並んだ今となっては大通りを造ることは出来ません。

カサ・バトリョ

カサ・バトリョ（1904-1906）

　1903年にジョセップ・バトリョ氏が購入した家をガウディが改装したものです。偶然にも購入した家は、ガウディが建築学校で学んでいた時の先生であったエミリオ・サラ・コルテスによって1877年に建てられたものでした。

　バトリョ氏は家の建て直しを望みましたが、全てを任されていたガウディは改装にすることにしました。しかも、凝り性のガウディが改装した為、立て直すより費用がかかったようです。

　外観は魅力的で、屋根は竜の背中が波打っているようです。ベランダの柱は人間の足の骨、白いマスクのように見える手すりも骨を表しています。壁に使用したタイルは、割ったタイルのモザイクにする、ガ

ウディが好んだ様式ですが、注意して見ると所々に丸いタイルを割らずに使用しています。

　建物の内部には階段が2つありますが、手前はオーナーの住居のサロンに上がる階段で、奥がアパートの住人用の階段でした。木製の階段の手すりは曲線にデザインされています。

　サロンに入って真っ先に目に入るのはうねるような渦巻状の天井です。グラシアス通りに面した壁に取り付けられた波打つように曲がった窓枠の窓は、そこから入る光をたっぷりと取り込むように壁いっぱい利用していますが、上の部分には、優しい光が入るように色ガラスを使用しています。

　パティオに面した部屋には、パティオを

2階のサロン

煙　突

パティオのタイル

から2つある階段で屋上まで上がることができます。当時は屋上がある建物はほとんどなかったようですが、ガウディは屋上に上がれるように設計しています。4カ所にまとめられた屋上の煙突は、各アパートで使用する暖炉やキッチンからの煙がそこから散らばるように考えられています。

通して光を取り込むように設計されていて、下の階の窓が上階より広く作られています。そしてタイルの色も下に行くほど薄くなっています。窓の下には換気用の格子窓まで付けられ、換気の為に窓を開けずにすむように考えられています。パティオに面した階段の手すりに型板ガラスが付けられていますが、ガラス越しに見ると、パティオに張られた青いタイルがまるで海の中にいるように錯覚させます。

　カテナリーアーチ（紐に重りを付けぶら下げ静止した状態をひっくり返したアーチ）を使用したシンプルな屋根裏部屋は、元の建物に1階付け足して建てたもので、ガウディは住居者が物置や洗濯室として使用できるように考えています。屋根裏部屋

隣にある建物は当時ガウディと肩を並べた有名な建築家プッチ・イ・カダファルクのカサ・アマトリェル (1900) です。

さらにカタルーニャ広場に向かって、カサ・ボネット (1915)、カサ・ムリェラス (1906)、カサ・レオ・モレラ (1905) とモデルニズムの建築物がこのブロックに5軒並んでいますが、それぞれ違った様式で、その不調和がユニークです。

カサ・バトリョとカサ・アマトリェル

カサ・ミラ (1906-1910)

19世紀末から20世紀初めにかけて、グラシアス通りに家を持つということは、当時のブルジョア階級の人達にとって一種のステイタスシンボルでした。

実業家のペレ・ミラ氏はグラシアス通りにあった家屋を購入すると、それを建て直して新居を造ることにしました。完成すると2階が自分たちの住居になり、残りは賃貸マンションにする予定で、建築家にはジョセップ・バトリョ氏の推薦でガウディに依頼することに決めました。

工事は1906年に始まりましたが、しば

カサ・ミラ

らくして、柱の一部が公共の歩道に建てられていることが発覚し市役所から工事の中止命令が出されます。しかし、ガウディがそれを無視して工事を続けたので罰金の支払いを要求されています。おまけにガウディが建てたマンションは当初の予算を大幅にオーバーした為、後にミラ夫妻はガウディに対して訴訟を起こしています。

カタルーニャの聖地モンセラートを彷彿させる波打つような建物の外観と、モ

2階への階段

キッチン

屋根裏部屋

デルニズム建築に多く使用されるように、32あるカサ・ミラのベランダの欄干にも鉄を使用しています。どの欄干も同じ形はなく、その複雑な形は地中海の波をイメージさせます。ほとんど曲線からなる建築物で、直線に見えるのは中庭の窓の仕切りの縦のラインぐらいしかありません。

カサ・ミラには2つの入口があり、グラシアス通りに面した正面玄関には大小の2つの扉が付けられています。人が出入りする小さい扉と、もう一つの大きい方は車が出入りする扉で、車が地下のガレージまで入れるように設計されています。当時、地下駐車場はスペインはもとより、その時代にはヨーロッパでも稀にみるものでした。

扉には、ベランダの欄干と同じように鍛造した鉄を使用し、幾何学模様のデザインになっていますが、鉄のパーツは溶接ではなく特注のボルトで留めてます。

幾何学模様にすることにより、そこから空気が出入するように換気の役目をします。更に夏は車用の扉を開いていると、建物内に空気が入り込み自然の空調になります。また、換気と同時に明り取りの役割をするように考えられています。

入ってすぐの螺旋階段で2階のミラ夫妻の住居に上れるようになっています。階段の装飾のモチーフは植物で天井と壁に油絵で壁画が描かれています。

3階から上の階は賃貸住宅ですが、賃貸料が高くて借り手を集めるのに苦労したようです。

建物の中央に造られた円形と楕円形の2つの中庭は明り取りと換気が目的で、下の階の窓が上部に比べて大きくなっています。全ての住居がこれらの中庭に面するように造られています。

エレベーターで屋上まで上がると、建ち並んだ煙突が目に入りますが、それぞれ形や様式が異なり、モザイクタイルが張られたものもあれば、漆喰だけのシンプルなものや緑色のガラス瓶を割ってはめ込んだものまであります。その中の漆喰で塗られたシンプルな煙突に、まるでヘルメットを被った宇宙飛行士のような顔が並んでいます。1986年からサグラダファミリアの受難の門のファサードに携わった彫刻家のスビラックスが、ローマ兵の顔にこれを用いていますが、この煙突を初めて見たときに、彼がガウディに敬意を払ったのだと理解出来ました。

兎に角、屋上のテラスは芸術作品が陳列された野外博物館のようです。ダリはこれらの煙突を見て感銘を受けたようで、恐らく彼の作品にも影響を与えているはずです。

ガウディは芸術性のみでなく、常に実用性を考慮して設計します。煙突の場合は大きな筒から煙が立ち上ることを避け、煙突に付けられた小さな穴から煙が散らばるように考えています。

屋上からパティオを覗くことが出来ますが、2つのパティオの空間は自然の換気口です。

屋上を囲む周囲の壁は斜面になっていて、壁には沢山の小さな窓が付けられています。その壁は屋根裏部屋の天井にあたり、窓から自然光が部屋に射しこむように設計されています。

屋根裏部屋はカサ・バトリョ同様に洗濯部屋として造られたものですが、当時は洗濯用にバスタブのようなものが置かれていて、それを使って洗濯をした後は屋根裏部屋で干せるようになっていました。

現在、屋根裏部屋は展示室になっていて、模型やガウディがヒントを得たと思わ

屋上のテラス

17

れる植物や動物の骨、そして彼がデザインした椅子などが展示されています。残念なことに、ミラ夫人はガウディが作った家具を気に入らなかったようです。

この時代のガウディの作品は自然をテーマにしたものが多く、カサ・ミラも植物や動物など自然をモチーフにしていますが、屋根裏部屋は動物です。あばら骨のような272のアーチの部屋に入ると、まるで巨大な生き物に飲み込まれたような錯覚さえ覚えます。

見学コースには住居内を見る事ができ、部屋には当時の家具が置かれています。ただし豪華な部屋を想像していた私には、思ったより質素に思えました。

1984年に世界遺産に登録されたカサ・ミラですが、完成当初は石切り場というニックネームが付けられたように醜い建物として評判はよくなかったようです。

カサ・ミラ

カタルーニャ音楽堂 (1905-1908)

カタルーニャ合唱団 (ORFEÓCATALÁ) の本拠地にする為に、サン・フランシスコ・デ・パウラ修道院の回廊があった場所に建てられたコンサートホールで、モデルニズムの先駆者であったルイス・ドメネック・イ・モンタネルの設計です。

モデルニズムとはアールヌーボーのことを指しますが、スペインゴシックやアラブ様式（ムデハル）などスペイン独特の様式が混ざっています。バルセローナを中心にモデルニズムの建築物が多く建てられていますが、その中でも、カタルーニャ音楽堂はカタルーニャ・モデルニズムを代表する建築物と言えます。

カタルーニャ音楽堂

1908年2月9日、こけら落とし公演で、リヒャルト・シュトラウス指揮によるベルリン・フィルハーモニーのコンサートが催されました。

サン・ペレ・メス・アルト通りに面する正面玄関の入口には滑らかな曲線を持つ2つのアーチを取り入れています。これは薄焼きレンガを使用して作るカタルーニャ地方独特のアーチです。アーチを支える柱にある小さな丸い窓はかつてはチケット売り場の窓口でした。

2階のベランダにある7本の柱にはモザイクタイルで花や植物が装飾され、柱頭の周りに陶器のバラが付けられています。ベランダの上に3つのアーチがあり、その下に置かれた3人の胸像はバッハ(中央)、ベートーベン(右)、パレストリーナ(左)です。

パラウ・デ・ラ・ムシカ通りの入口から内部に入るとオシャレなカフェがあります。見学後にサンドウィッチなどを食べながらコーヒーを飲まれてはいかがでしょうか。

内部見学は、大理石の階段で2階へ上り、そこからコンサートホールに入りますが、豪華な装飾に驚かされます。2,000人が収容できるホールの天井に無数の陶器の花(バラのように見えます)が飾られ、中央のステンドガラスを囲む四角の枠はまるで花で飾られた額縁のようです。ステンドグラ

3人の銅像

スは立体的で、太陽のような中央の球体の周囲に青いガラスを使うことにより空に輝く太陽に見えます。そして太陽の周囲に女性達の顔が描かれています。

ホールの壁もガラス張りになっていて、天井のステンドグラスとともに昼間は自然の光を取り込めるように考えられています。

舞台に目をやるとまず舞台上のパイプオルガンが目に入ります。音楽堂の為にドイツで製作されたものでコンサートにも使用されています。

舞台の左右の柱は天井まで彫刻されていて柱の中央に二人の男性の胸像があります。舞台に向かって右がベートーベンで、2本の柱の上の馬はワーグナーの「ワレキューレの騎行」を表しています。左はアンセルム・クラベというカタルーニャの作

曲家で、彼の代表作「5月の花」をイメージさせ、木の下で花と戯れる妖精たちが描かれています。

舞台後方の壁はモザイクタイルで装飾され、左右にそれぞれ楽器を奏でる9人が描かれています。彼女らはギリシャ神話の誌と音楽の女神であるミューズで、上半身が彫刻になっています。

1997年に世界文化遺産に登録された音楽堂で聴くコンサートは素晴らしいものです。

© ピカソ美術館 　 © ピカソ美術館 　 © ピカソ美術館

ピカソ美術館

　美術館がオープンしたのは1963年です。その10年前に、ピカソは、10歳になるまで暮らした生まれ故郷のマラガに作品を寄贈しようとしたことがあります。しかし、当時のスペインはフランコ政権で、市は、反フランコのピカソからの贈答品を受け取るのを拒んだようです。それらの作品は、ピカソの友人であったサバルテスのお蔭で、バルセロナに寄付されるとピカソ美術館としてオープンしました。

　美術館は4,000点以上の作品を所蔵していますが展示されているのは一部です。ピカソの少年時代の作品から、パリで活動中の作品、そして晩年に描いた絵画の他にも版画や陶器などが見学でき、彼の作品が時代と共に変化して行くことがよく分かります。

　1881年にアンダルシア地方のマラガで生まれたピカソは10歳の時に、美術教師であった父親の仕事で家族とガリシア地方のコルーニャに移りますが、1895年に父親が、今度はバルセロナ美術学校で教授の仕事に就いたので、家族はバルセロナに引っ越し、同時にピカソは美術学校の生徒になります。

　この時期に描いた大作に初聖体拝領（15歳）、科学と慈愛（16歳）があり美術館に展示されています。初聖体拝領は自らカトリックになるという儀式で亡くなった妹をモデルにしています。科学と慈愛は、末期の患者の脈を診る医師（科学）と穏やかに神に召されるように死んでいく女性に話しかける修道女（慈愛）を表しています。絵の中でピカソは自分の父親をモデルにして医師を描いています。

　2年間バルセロナで学んだ後に、当時、スペイン美術界で最も権威があったマドリードのサン・フェルナンド・アカデミーで1年間絵の勉強しますが、ピカソにとって学ぶことがあまりなく、毎日のようにプ

左：初聖体拝領、右：科学と慈愛

© ピカソ美術館 　 © ピカソ美術館

©ピカソ美術館　©ピカソ美術館　©ピカソ美術館　©ピカソ美術館

ラド美術館でグレコやベラスケスの絵画を観賞していたようです。その時に、美術館の近くにあるレティロ公園で描いたデッサンを何枚か残しています。

バルセローナに戻ったピカソは、当時アーチストが溜まり場にしていたクアトロ・ガッツというカフェに入り浸っていたようです。カフェーのオーナーは、そんな芸術家達に寛容で、ピカソもカフェで初めての個展を開くことができました。当時、彼が描いた「長椅子」はピカソ美術館に展示されています。

1904年にパリに永住を決めるとモンマルトルの共同アトリエ「洗濯船」に住みます。それまでに、ピカソは3度パリに滞在したことがあり滞在中に個展も開いていますが、その時知り合った画家達から刺激を得たのでしょう。

1936年にスペイン市民戦争が始まると、ピカソは共和国側につきます。その関係で1937年のパリ万博のロビーに飾る絵を共和国政府から依頼されます。（ゲルニカです。マドリードを参照してください。）

美術館には陶器も展示されていますが、ピカソが陶器の製作を始めたのは1945年

前後で、当時の彼は60歳を過ぎています。展示されている陶器の中に、ギリシャ陶器の色調で闘牛をモチーフとした皿に魚の骨が描かれた陶器はユニークです。食事中に魚を食べていたピカソが閃いたようで、窯に入れる前の皿に魚の骨を押し付けて一緒に焼いたそうです。正直、陶器として見るとどうかと思う点はありますが、それでもピカソの陶器は芸術です。

紹介した初聖体拝領と科学と自愛以外の作品以外にもいくつか紹介します。

抱擁

パリに行ったばかりの1900年の作品で、この時期同じような作品を何枚か描いています。19歳のピカソの心情を表していると言われています。

マルゴット

ピカソが2度目のパリ滞在中の1901年に、ヴォラール画廊での展示会用に描いた絵で、20歳のピカソが世界的に知られるきっかけになった作品です。夜のパリのカフェで誰かを待っている赤い服を着て真っ赤な口紅をつけた女性を描いています。

ロートレックの影響を受けているようですが、背景に点画法を使っていて、この画法はゴッホが得意としたものです。描かれた女性は誰なのか、後年にピカソは店で見かけた女性だと曖昧に答えたようですが、化粧の仕方と虚ろな目から売春婦か麻薬中毒者ではないかという見方があります。このころからピカソは作品にPicassoとサインをするようになりました。1902年にロートレックが亡くなり、ピカソは名を馳せますが、まさに世代交代と言えるでしょう。

青の時代の作品

1901年に自殺した親友であったカサジェマスの死による悲しみから青を主体とした作品を描いた時代です。ピカソが初めてパリに行った時もカサジェマスと一緒でした。二人がアトリエで絵を描きますが、カサジェマスはその時に雇ったモデルの一人に恋をします。しかし失恋という結果に悩んだ彼は最後にピストル自殺をします。

この事件はピカソにとって衝撃的な出来事でした。また、その頃の彼は貧困であったので、ピカソの苦悩はさらに深まったのではないでしょうか。青の時代の作品には貧困、失望、絶望などを表した作品が多いのも理解できます。

美術館では、死んだ女(MUJER MUERTA)や無慈悲(DESAMPARADOS)の他にも青いグラスなどが展示されています。

無慈悲では、寒い冬の日に子供を抱く女性の失望の目が印象的です。顔や体に比べて手が大きく描かれていますが何か意図したものでしょうか。友人サバルテスの肖像画を多く画いていますが青の時代の作品も展示されています。

カナルス婦人

雨の日にモンマルトルの洗濯船に雨宿りの為に偶然駆け込んだフェルナンド・オリビエールとピカソは恋人関係になります。その時を境にして青の時代は終わりバラ色の時代に入ります。夫人の頬は薄くピンクがかっています。

ラス・メニーナス

1656年に描かれたベラスケスの大作ラス・メニーナのオマージュ作品で、300年後にピカソがキュービズムで画いたものです。ピカソのラス・メニーナでは、オリジナルの絵には描かれていない窓を壁に付けて、そこから光を取り入れて登場人物に当てています。右端の少年ニコラスはベラスケスは少年の足を犬の背中に乗せていますが、ピカソのラス・メニーナスではベラスケスが画いた手の位置などから、ピカソは少年にピアノを弾かせています。

ラス・メニーナス　　　　　© ピカソ美術館

バルセローナ郊外

コロニアグエル (1908-1914)

グエル公爵は、彼が経営する繊維工場をバルセローナ市内から郊外の自分が所有する農園に移転させ、そこに工業コロニーを造ることにしました。

1892年に政府から工業団地建設の許可がでると、公爵はそのプロジェクトをガウディに依頼しました。計画では、コロニーには商店街、劇場、文化センターや学校が造られ、従業員がミサに行けるように、彼らの為の教会を建てることになっていました。当時のスペインにおいては、それは斬新的なプロジェクトで、実際にそんな工業コロニーはまだ存在していませんでした。

教会の工事は1908年に始められました。教会の内外部には自然石、レンガ、陶器など様々な建築材料を用いています。半地下の礼拝堂が完成すると屋根が付けられて礼拝堂として機能を始めました。しかし工事が始まってから6年後に、ガウディは自分はプロジェクトから外れ、教会の建

設も弟子のベレンゲールに任せてサグラダ・ファミリア建設に集中することにしました。

結局プロジェクトはグエル公爵の経済的な問題により中断されてしまいます。教会は、すでに完成していた礼拝堂の上に高さ40メートルの塔が建てられる予定でしたがが、残念ながら完成を見ずに工事は終了されました。

この礼拝堂でガウディーは教会内部の

礼拝堂入口

礼拝堂入口

窓に開閉式のステンドグラスを用い、紐を引っ張ると蝶が羽を広げたようになるようなデザインをしています（現在は外に網が張られて開かない）。またベンチもガウディがデザインしたものです。

　礼拝堂はサンタ・コロマ・デ・セルベリョという町にあり、礼拝堂以外にも、ガウディが携わった建築物ではありませんが、当時の従業員の社宅や学校、劇場などが残っています。

　コロニアグエルまでは、スペイン広場の地下から出ているカタルーニャ鉄道に乗ると乗り換えなしで到着できます。

モンセラート

　バルセローナからマドリード方面に向かって国道2号線を車で30分ほど走ると、周囲の景色とは異なる、赤みを帯びた岩の山群が見えてきます。高さ1,236メートルのモンセラートです。

　モンセラートとはカタルーニャ語で切り刻まれた山という意味で、中腹にあるサンタ・マリア修道院のロゴに鋸で切り刻まれる岩山を使用しています。

　行き方は、スペイン広場からカタルーニャ鉄道でMONISTROL DE MONSERRAT

まで行き、そこで登山電車に乗り換えて修道院まで行く方法と、一つ手前のAERI DE MONSERRAT駅で下車して、ロープウェイを利用する方法があります。

　修道院に行くほとんどの人の目的は、聖堂内の祭壇に祭られている黒いマリア像の拝観で、聖堂に入ると右の回廊に、マリア像に触れたい人達が列を作っています。週末になると、特に人が多くマリア像に到着するまで1時間以上並ぶこともあります。

　マリア像は、イスラム征服時代に略奪を恐れてモンセラートの岩穴に隠されていたようで、それが9世紀末になって偶然に発見されると、像があった場所にチャベルを建てて祀りました。1025年に修道院が建設されるとカタルーニャ全土から巡礼者が訪れるようになり、19世紀初旬までカタ

サン・ジョアン駅から望む修道院

モンセラート駅

聖堂

ルーニャにおいてモンセラートは宗教文化の中心地になります。

　ところが1808年からのナポレオン軍の侵略と、1835年に首相メンディサバルによって発令された教会永代所有財産解放令により、修道院は略奪や破壊という被害に遭い、身を案じた修道士達は山を下りて逃げ去ってしまいます。

　安全が取り戻され、1844年に修道士達が戻ってくると修復工事が始められ修道院は復興を遂げました。

　モンセラート少年合唱団のコーラスも人気の一つです。少年合唱団としてヨーロッパで最も古く14世紀からの歴史があります。

　合唱団のコーラスは通常午後1時から始まりますが、たまに時間が変わることがあります。海外公演や休暇でコーラスがない日もあるので注意してください。

　時間があれば更にケーブルカーでサン・ジョアンまで登ると修道院を眼下に眺められます。体力に自信がある方は更にそこからサン・ジョアンのチャペル、もしくは展望台まで歩いてみてはいかがでしょうか。

フィゲラス

　ダリ美術館があるフィゲラスまでは、バルセロナのサンツ駅（SANTS）から新幹線に乗ると1時間ほどでFIGUERES VILAFANT駅に到着するので、そこからタクシーを使って美術館まで行くのが時間的に効率がよいでしょう。

　ダリと言えばシュールレアリズムを代表するアーチストですが、展示

記憶の固執

されている作品の絵画の中にも、溶けているような時計が描かれた海岸の絵など、どこかで見たことがある代表作がいくつか展示されています。何枚かの絵画の背景に彼の家があるポルト・リガットを描いています。

　ダリという人物は兎に角遊び心がある芸術家で、館内の展示物にも驚かされる作品がいくつかあります。入ってすぐのホールにある巨大なリンカーン大統領のモザイ

ダリ美術館

ク画もその一つで、写真に写すと裸婦の後ろ姿が写っています。

カダケスの街並みや窓から海を眺める後ろ姿の女性はダリの妹アナ・マリアを描いた具象的な絵もいくつか展示されています。

見学を終えたら別館の宝石館も訪れるとよいでしょう。小さな展示館ですがダリらしい奇抜なデザインの宝石が展示されていて、これを付ける時はどんな衣装でなど

と考えながら見学すると楽しいでしょう。ダリに興味がある方でしたら、美術館を見学した後に街の中心地にドゥラン (HOTEL DURAN) というダリが良く食事に行ったというホテルがあるのでお勧めします。店内には古い写真が飾られています。

　フィゲラスから40キロほど離れた海岸にカダケスのポルトリガットにダリの家があり見学できます。ただし、途中山越えがあり時間がかかるので、バルセローナから日帰りでダリ美術館とダリの家を見学するのは難しいかも知れません。

カダケス

ダリの家（寝室）

ダリの家（壁の窓）

カタルーニャで食べる

創作料理において、カタルーニャ州はバスクと並んでミシュランの星付レストランの数が多く、紹介しますと3星にABaC、LASARTE、EL CELLER DE CAN ROCAがあり、2星レストランは現在9軒あります。

ただし、これらの創作料理を主体とする高級レストランの料理の紹介は控えて、一般的なカタルーニャの料理について紹介したいと思います。

実は、カタルーニャ料理にはカタルーニャ地方独特という料理は少なく、どちらかと言えば、隣接するバレンシアやアラゴンの影響を受けた料理が目立ちます。スペイン国外では、フランスと国境を接しているのでフランス料理の影響を受けていますが、面白いことにイタリア料理の方がフランス以上に影響しているようです。それは、かつてカタルーニャを同盟としていたアラゴン王国が、イタリア南部の都市やサルデニア島を支配していた時代が長くあって、その間にイタリア料理が導入されたようです。しかし、これは他の国や都市でも同じで、料理は常に影響を受けながら進化するものなのであまり気にしないで頂きたい。

現在は、ガウディ建築のお蔭で、特に80年代から世界中から観光客がバルセローナに訪れるようになりました。そして、2026年にサグラダ・ファミリアの完成が発表されると更に観光客の数が増えています（ただし、コロナウイルスにより2020年には観光客の数は激減しました）。観光客が増えることにより、レストランは旅行者が注文しやすいように、コンビネーション料理の写真入りのメニューを店に張り出すようになりました。マドリードを含む他の都市より英語が話せるウェイターが多いのも旅行者にとってはありがたい事です。

ただし、旅行者にとっては確かに便利ですが、客一人に対する時間の節約に徹しているような気がして個人的には寂しい気もしないではありません。

実は、今でこそ街中にレストランやカフェが溢れていますが、17世紀のバルセローナには飲食店がほとんどなかったというから不思議な気がします。まあこんな話は置いておき肝心な料理を紹介したいと思います。

フィデウア（FIDEUA）

分かりやすく言えば、米の代わりにパスタを使ったパエリャになります。カタルーニャ独特の料理と思われているようですが、実は、フィデウアの発祥はバレンシア州のガンディアで、1930年代にガブリエル・ロドリゲス・パストールという漁船のコックが米の代わりにパスタを使ってパエリャを作ったのが始まりです。ガンディア

フィデウア

では、毎年フィデウアのコンクールが開催されていて40年以上の歴史があります。

それでもガイドブックにはカタルーニャ料理と紹介されていて、旅行会社もバルセローナに行くグループに名物料理として案内しているので、ここでは地中海料理としておきましょう。

料理に使う材料は、レストランによって異なりますがシーフードが主体です。使用するパスタもいくつか種類があって、大きさは細麺のパスタやスパゲティほどの厚さのもの、小さなマカロニ状で穴があるパスタを使う店もあります。色んな店でフィデウアを食べ比べるのも旅の一つのテーマになるかも知れません。

イカ墨パエリャ (ARROZ NEGRO)

パエリャの発祥も米の産地のバレンシアです。パエリャはサフランを使った黄色い炊き込みご飯ですが、例えばオマール海老など特別の具を使ったものや、汁気が多いものは、米という意味のアロスという言葉を使い、イカ墨を使うのでアロス・ネグロ（黒いライスという意味）と呼ばれますが、分かりやすくイカ墨パエリャとしておきましょう。とにかく地中海沿岸で人気があり、カタルーニャ地方ではフランス国境に近いジローナ県が有名です。

出来上がったイカ墨パエリャには当然イカが入ってはいますが、ライスが主体なのでイカの量はあまり多くないのが一般的です。この料理が出来たのは、初めに炒める

野菜を焦がして黒くなったのが始まりのようで、後にイカ墨を使うようになったという説がありますが定かではありません。18世紀には、すでにイカ墨を使っていたという記録が残っているので、実際に食べ始めたのはそれ以前でしょう。

　食べる時ご飯を洋服に落とすと黒い染みになるので注意して下さい。

イカ墨パエリャ

サルスエラ (ZARZUELA)

　カタルーニャ風ブイヤベースと言う方が分かりやすいでしょう。もともと漁師たちが獲れた魚を煮込んだスケという料理が変形したものですが、南フランスのブイヤベースの影響を受けた可能性はあります。

　使用する魚介類は何でもよくて、この魚を入れなければならないという決まりはありません。ただし、スペインがサフランの産地なのでサフランを使用するのが一般的です。

　ご紹介したイカ墨パエリャとサルスエラを食べるのが目的の方は、多少高くても、せっかくなら美味しい店で食べることをお勧めします。

　バルセロネット地区に行くとシーフードの店が沢山ありますが、レストランが並ぶジョアン・デ・ボルボン通りよりビーチに近い古い住宅地区にあるレストラン、カン・マヨとヨットハーバーに面した高級レストラン・バルセロネッタが個人的にお勧めです。

B級グルメ ブティファラ (BUTIFARRA)

　ブティファラはカタルーニャ地方のソーセージです。ひき肉を使用しますが熟成はさせません。チョリソやサルチチョンのような腸詰と違い、どちらかと言えばドイツ風に近いソーセージなのでビールと相性がよいです。

B級グルメ カルソッツ (CALÇOTS)

　一言で言えばネギ焼きで、11月から2月ぐらいまでのネギのシーズンが旬です。

　カタルーニャ地方の中でもタラゴナ県のバルス周辺の村が有名で、本場で食べるカルソッツはさすがに美味しいです。バルスの町では毎年1月末にネギ祭りが開催されます。

　食べ方は、薪火黒く焼かれ素焼きの皿に乗せられたネギを摘み、外側を剥いで中の白い部分にロメスコソース(カタルーニャ語ではサルビチャダ)で食べるシンプルな料理です。

カルソッツ

ロメスコソースはトマトやニンニクを中心に、その他香辛野菜やヘーゼルナッツなどドライフルーツを使ったタラゴナ県に伝わるソースで、かつては魚にかけて食べていたようです。

カルソッツを食べにわざわざ本場まで行くのは大変なので、どうしても食べてみたい方は、バルセローナでも食べられる店がありますので、そこで試されてはどうでしょうか。

タパス

バルセローナにはこれという特徴があるタパスはありませんが、観光客用に綺麗に盛り付けられたカナッペや小皿を楽しめる店は、グラシアス通りなど観光客が集まる場所に何軒かあります。

他にタパスを楽しめるエリアを紹介しますと、地下鉄JAUME Ⅰ駅からサンタ・マリア・デル・マル教会に続くアルジェンテリア通り沿いにタパスの店が並び人気です。通りから少し路地を入ったところにも小さなタパスバールがあります。

海岸のバルセロネッタにもタパスが食べられる店があり簡単に見つけられますが、特徴があるカウンターに並んだタパスを焼いてもらえるエル・バソ・デ・オロという鰻の寝床のような店は美味しいです。

カタルーニャ州のワイン

温暖な地中海性気候を利用して、カタルーニャ地方では2000年以上も前にローマ人によってワイン作りが導入されました。葡萄畑のほとんどは海岸線よりも、少し内陸に入ったなだらかな丘陵地にあります。スパークリングワインで世界的に有名なカヴァもベネデスという、やはり海岸から20キロほどの内陸で作られています。

現在カタルーニャには、原産地呼称地ワインが11ありますが、その中で唯一の特選原産地呼称のプリオラトとスパークリングワインのカヴァを紹介します。

プリオラト

プリオラトはタラゴナ県に属し、モンサント山脈を挟んでリェイダ県との境にある山岳地帯です。

12世紀に南仏のプロバンスからカル

トゥジオ会の修道士たちがやって来ると、自然の中にある人里離れたこの場所を気に入り修道院を建てました。彼らが建てた修道院は現在のモレラ・デ・モンサント村にあるスカラ・デイ修道院ですが今は廃墟になっています。

修道士達は山の裾に葡萄を植えてワイン造りを始めました。プリオラトという名前は修道院長という意味があり、それが原産地の名称になっています。プリオラトワインは修道院の管轄になると、それが18世紀まで続きます。

19世紀にフランスの葡萄畑を壊滅させたフィロキセラ(ブドウネアブラムシ)による被害がプリオラトにも及び、ワイン製造業者のほとんどが去ってしまいましたが、20世紀中旬になって、プリオラトワイン復活の為に何人かの実業家が葡萄作りを始めました。彼らは1950年代に接ぎ木によるガルナッチャ種(グルナーシュ種)とカリニェナ種の栽培を成功させプリオラトワインを甦らせます。

山岳地にある勾配の畑では機械化が難しくワイン作りに大変な手間がかかります。その上、土壌は粘土質のスレートなので葡萄は水を求めて石の間を通って根を伸ばしますが、その所為か一つの葡萄株からの収穫量は他の地方に比べて少ないです。当然ワインの値段も高くなります。

そう言った理由でプリオラトは品質管理に力を入れ高級ワイン路線を歩みました。1980年になるとカベルネ・ソヴィニョン、

プリオラトのテイスティングルーム

シラー、メルローなども植えて国際化に力を入れています。現在プリオラトで生産される葡萄の種類の割合は、ガルナッチャ38%、カリニェナとマスエロがそれぞれ23%を占めています。2000年にプリオラトはリオハの1991年に次ぎ特選原産地呼称に指定されました。スペインでの特選原産地呼称は今のところ、まだリオハとプリオラトしかありません。

値段の高いプリオラトワインはスペイン国内では販売が難しく5割以上がヨーロッパや米国へ輸出されています。値段は高めですが濃厚でエレガントな味のプリオラトは是非一度お試しください。

カヴァ

カヴァが発泡酒であることはご存じだと思います。

かつては世界中で生産される発泡酒をシャンパンと呼んでいた時代がありました。当然のことですが、フランス政府はそれに対してクレームをつけた訳で、その後、それぞれの国でシャンパンから名前が変えられました。例えばイタリアはスプマ

カヴァのワイナリー

ンテ、ドイツではザクトに変えられました。フランスでもシャンパーヌ地方以外で作られる発泡酒のことをヴァン・ムースと呼んでいます。

スペインでは1972年からカヴァと呼ぶようになりましたが、これはケイブ、すなわち洞窟という意味なのでスペインの他の地方で作られてもカヴァと呼びます。

1872年、シャンパーヌで製造法を学んだジョセップ・ラベントスがペネデスのサン・サドルニ・ダノイアでスペイン最初の発泡酒造りを始めました。現在のコドルニュー社です。

フィロキセラにより葡萄がほぼ壊滅状態になりましたが、終息後はカヴァ造りにあった葡萄が植えられました。主な葡萄の種類はマカベオ、パレリャダ、シャレル・ロですが、現在ではシャルドネを始め他の品種も栽培されています。因みにフランスのシャンパーニュ地方で造られるシャンパンに使用される品種はシャルドネとピノ・ノワールです。

作り方はベースワインを造った後にボトルに詰め糖と酵母を加えて二次発酵させますが、この時、加える糖によって7種類に分けられます。それらの種類と糖の量は、

ブルット・ナトゥラル（3g以下）、エクストラ・ブルット（6g以下）、ブルット（12g以下）、エクストラ・セコ（12g-17g）、セコ（17g-32g）、セミセコ（32g-50g）、ドゥルセ（50g以上）になります。

二次発酵の期間は通常のカヴァで9ヶ月から15ヶ月、リザーブで15ヶ月から30ヶ月、グランリザーブの場合は30ヶ月以上ですが、それ以外にパラヘ・カリフィカドという36ヶ月以上二次発酵させる特別のカヴァがあります。このカヴァには二次発酵の期間以外にも樹齢10年以上の葡萄の木から採れる葡萄しか使用してはいけないという規則があります。

ペネデスにはカヴァのワイナリーの数が200以上あり、年間2億5000万ボトルが製造されていますが、その中70%を外国に輸出しています。輸出量が多い国の順位はドイツ、ベルギー、米国、イギリス、フランス、そして日本が6位で年間850万ボトルが輸出されています。また上記に紹介した36ヶ月以上寝かせるカヴァの輸出国では日本は米国に続き2位です。

バルセローナとマドリードのカヴァの人気度を比較してみると、国内消費量でバルセローナは地元でもあり21%と高く、マドリードは6%とかなり差がありカヴァの浸透度をよく表しています。

スペインで日本のアニメが大人気!?

スペイン人は日本のアニメが大好きで、今ではマンガという言葉はスペイン語になっています。

最初にヒットしたアニメは1974年に放送されたアルプスの少女ハイジでした。多くのスペイン人が日本は中国の一部と考えていた時代ですが、ハイジが日本のアニメと紹介されたお陰で、スペイン人に日本という国を意識させました。

それ以降は沢山の日本のアニメがスペインで放送されました。一部を紹介しますと、母を訪ねて三千里、ドラえもん、アンパンマン、ポケモン、ドラゴンボールなどがあり、どれも人気を呼びました。キャプテン翼は何度も再放送され、スペインリーグでプレイして引退した選手から現在活躍中の選手まで子供の頃は翼に憧れてサッカーをしたようで、若い人は知らない日本よりずっと知名度が高いはずです。

上記のヒットアニメ以外にも1978年放送され大ヒットしたアニメにマジンガーZがあります。

カタルーニャにEL MAS DE PLATAという人口700人程の村があり、実はこの村の入口に10メートルのマジンガーZが建っています。像が建てられたのは1979年のことで、当時の村長が村を守ってくれるようにという願いを込めて建てたそうです。

像の中が空洞になっているのは、当初頭の上まで上れるようにする予定だったからです。

当時は巨大なマジンガーZの像を見る為に沢山の人が訪れましたが、今でも見学に来る人達もいてマジンガーZ人気は続いているようです。

そういえば、かつて日本からこの像を見る目的で4泊6日でスペインに来られた人がいて車の手配をしたことがありました。

アンダルシア州

人生を楽しむ人達

　マドリードからラマンチャ地方をアンダルシアに向かって車を走らせるとアンダルシアのハエン県に入ります。オリーブ栽培が盛んなこの県は見渡す限りのオリーブ畑が続き初めて見る人には感動的な風景です。

　セビリア県、コルドバ県では6月から7月にかけてひまわりが大地一面に花を咲かせます。スキー場があるグラナダ県、高級イベリコハムの産地ウエルバ県、乾燥地帯のアルメリア県、太陽海岸にリゾートホテルが立ち並ぶマラガ県、ジブラルタル海峡に面したカディス県の山間部では皮革産業が盛んでロエベを始め有名ブランドの皮革製品が製造されています。

　地中海沿岸のグラナダとマラガでは海老やイワシなどが水揚げされますが、大西洋に面したカディス県ではマグロ漁が盛んで日本にも輸出されています。

　野菜ではグリーンアスパラ、アーティチョーク、そして温暖な気候を利用してトマトが栽培され、ウエルバ県ではイチゴや桃などフルーツが栽培が盛んです。またグラナダとマラガの海岸線で栽培されるチリモジャという高級フルーツやアボガドは有名です。

　アンダルシアの人達にとって朝食にオリーブオイルは欠かせません。世界一のオリーブ生産国のスペインの中で60％はアンダルシアで生産されています。バゲットをトーストにして、その上にすり潰したトマトを乗せエキストラ・バージンオイルをたっぷりとかけて食べるのがアンダルシア風の朝食です。

　食生活にこだわりを持つアンダルシアの人の食事の時間が遅く観光客があまり行かない店がオープンするのが昼は14時、夜が21時ということがありますので注意してください。

　8つの県からなるアンダルシア地方は、このようにそれぞれの県で特徴が異なっています。この本では一般的な観光ルートであるグラナダ、セビリアそしてコルドバを紹介します。

アンダルシアで食べる

アンダルシアの特産物といえばオリーブがまっさきに浮かびます。確かにハエン、グラナダ、コルドバそしてセビリアの4つの県には見渡す限りオリーブ畑が広がっています。

冬場の11月から2月ぐらいにオリーブの収穫が始まり、摘まれたオリーブはすぐに工場でプレスされてエクストラ・バージンオイルにされます。

アンダルシアの料理にはオリーブオイルは欠かせなく、フライは勿論、ガスパチョにもオイル使用します。またビールやワインのおつまみになるオリーブの塩漬けにも色んなサイズがあったり、ニンニクと一緒に漬けたものなどバラエティに富んでいます。大都市のバールで出される缶詰の塩漬けと違って、アンダルシアでは自家製が多いので美味しいです。

オリーブ以外にもアンダルシアの食材は新鮮で、海老や魚は地中海で捕れ、春になると大西洋沿岸では定置網漁でマグロを捕獲します。そしてカソンという小さなサメもアンダルシアではマリネにしたものを揚げて食べます。

変わった料理では、カディス県の漁港の町で鉄板で焼いたマグロの心臓やイソギンチャクのフライを出す店があります。シャコも捕れますが、漁村のバールでタパスとして出るくらいで一般的ではありません。

かつてはマラガではチャンケーテスという魚の稚魚をフライにして食べていましたが今は捕獲が禁じられています。

さて、アンダルシア地方で共通した料理となると、やはり夏のスタミナドリンクとして飲まれるガスパチョスープになるでしょう。マラガではトマトの代わりにアーモンドを使用するガスパチョがあります。

ガスパチョ

ガスパチョ（GAZPACHO）

トマトとニンニク、そして玉ねぎとキュウリをベースにパンとビネガーをミキサーでかき混ぜ、冷やして飲むアンダルシアのスープで夏バテ防止に農民が考えたスープで、グリーンピーマンも頻繁に使います。お好みで、刻んだ玉ねぎ、トマト、グリーンペッパーやクルトンをトッピングして下さい。

グラナダ

Granada

　バルセローナから距離にして850キロ。車で移動すると、グラナダ手前にシエラネバダ山脈の峠越えもあり時間にして10時間以上かかる道のりです。レンタカーを使用しての移動は時間がもったいないのでお勧めしません。

　バルセローナからグラナダまではヴエリング航空が1日数本飛んでいてわずか1時間で到着でき、早めに航空券を予約すれば安く購入できます。新幹線を利用する方法もありますが時間は6時間半ほどかかります

　グラナダではアルハンブラ宮殿見学を外す事はできません。大使の間やライオンの中庭などナスール宮殿を見学した後に、ヘネラリッフェの夏の離宮でベンチに腰かけてゆっくりするのも普段あまり味わえない一時になるでしょう。更に時間があれば是非アルバイシンの丘にあるサン・ニコラス展望台まで行ってください。シエラネバダ山脈を背にしたアルハンブラ宮殿の眺望は写真を撮るには最高のスポットです。冬なら雪山をバックにしたアルハンブラ宮殿を写せるでしょう。

　サン・ニコラス展望台までは市内から歩いても行けますが、ヌエバ広場(PLAZA NUEVA)からミニバスが出ていてすぐ近くまで行けるので便利です。

　グラナダはシエラネバダ山脈の裾にあり昼と夜の気温差が激しいので、夜に外出する予定がある方は夏でも長袖をお持ちになることをお勧めします。

Catedral de Granada

グラナダ大聖堂

アルハンブラ宮殿

グラナダで観る

アルハンブラ宮殿

9世紀から砦は存在していたが本格的に宮殿の建設が始まったのはナスール王朝時代の13世紀からで、その後15世紀まで歴代の王により宮殿は拡張されています。

1492年に、ナスール王朝最後の王ボアブディルが城門の鍵をカトリック両王に渡してレコンキスタが終了すると、アルハンブラ宮殿はキリスト教徒の城塞に変わります。

イサベル女王の孫にあたるカルロス5世統治時代に宮殿の一部が壊されカルロス5世宮殿が建てられました。ルネッサンス様式の宮殿は、外観がシンプルなアルハンブラ宮殿とはミスマッチの感がしてなりません。

カルロス5世とはハプスブルグ家の王でオーストリアではカール5世ですがスペインではカルロス1世になり同じ王様です。本来はカルロス1世と言うべきですが、スペインでもカルロス5世という呼び方をしているのでこの本ではカルロス5世としておきます。

19世紀初頭の独立戦争中アルハンブラ宮殿はフランス軍によって占拠されました。フランス軍がグラナダから撤退する時に宮殿の一部が破壊されています。

その後、しばらく宮殿は廃墟状態になりますが、1829年にマドリードのアメリカ

◆ 39

大使館に勤務していた米国人作家のワシントン・アービングがやって来ることにより宮殿が脚光を浴びることになります。

　彼はセビリアから馬で旅をしてグラナダに到着するとアルハンブラ宮殿内の部屋に住み、グラナダに残る伝説を元に彼の想像を加えてアルハンブラ物語という本を執筆しました。その本のヒットにより、アルハンブラ宮殿の名前が知れ渡ると世界中から観光客が訪れるようになりました。お蔭で宮殿の修復も進み現在に至っています。

　見学にあたり、当日入場券の購入は難しいので必ず事前に入手してください。ナスール宮殿にはチケットに記載された入場時間から30分以内が有効です。少し早めに行って入場する前にカルロス5世宮殿と博物館を見学すると効率が良いでしょう。博物館はカルロス5世宮殿内にあり、イスラム時代に使用されたタイルやその他の装飾物が展示されています。博物館にはナスール宮殿のチケットで入場できます。中庭は自由に見学することが可能です。

　カルロス5世宮殿は円形の2階建てで、中庭を取り巻く回廊の柱の様式は1階がドーリア、2階がイオニアです。本来は3階が建ちコリント様式の柱の回廊が造られる予定でしたが、途中で工事が中止されて屋根が付けられました。中庭は、毎年夏のグラナダ音楽祭の会場になりコンサートが開催されます。

　ナスール宮殿内の見学のルートは一方通行になっており、イスラム時代に裁判所の役割をしていたメスアールの間から始まり、美しい天井装飾の大使の間やライオンの中庭を見学して宮殿の外に出た後に、夏の離宮ヘネラリッフェへと続くようになっています。

メスアールの間

　ナスール宮殿に入り最初の部屋です。元々は14世紀初旬に建てられた部屋ですが何度か改装されています。この部屋に宰相達が集まって会議を行っていたようですが裁判もこの部屋で行われていました。裁判官が座った2階席は、キリスト教徒の時代にチャペルに変えられましたが、現在は崩れて梁しか残っていません。

　壁の上部のアラビア文字は漆喰板に彫られたコーランの一説ではめ込みになっています。窓側の小部屋は礼拝の部屋で、入って右側の壁にメッカの方向を示すミフラブが造られています。壁に、プルス・ウルトラ（PLVS VLTRE）と書かれたヘラクレスの柱を描いたタイルのパネルが2か所にあります。これは、「もっと向こうへ」というハプスブルグ家のモットーで、カルロス5世統治時代に付けられたものです。

大使の間

　メスアールの間から小さなパティオを通り抜けるとアラヤネスの中庭にでます。長さ34メートルの水槽がありますが、イスラム時代には水槽はなく、木や花が植えられた庭園になっていました。水槽の左右に

大使の間

4つの部屋があります。イスラムは4人の妻を持つことができ、それらは正妻が住む部屋でした。

中庭に面してコマレスの塔が建っていますが、塔の中が大使の間です。王の部屋でもありましたが、他国の使者と謁見はこの部屋で行なわれました。

大使の間に入ると、部屋の周囲に9つのアーチが付けられ中は小さなスペースになっています。謁見中は入口の正面に王が座り、残りの8つに御付の家臣達が座っていました。

建物は14世紀に造られ、部屋の大きさは、11メートルの正方形の部屋で天井までの高さは18メートルです。

部屋の壁はタイルや漆喰を使用して幾何学模様で装飾されています。時が経つとともに色あせてしまっていますが、元々壁は赤、緑、青、黄色の原色で塗られていました。

床は素焼きの床タイルで張られていますが、イスラム時代は大理石の床だったようです。

天井のクーポラを注意してみて下さい。無数の象嵌の星はまるで夜空に輝く星のようです。良く見ると7段階の角度が付けられています。イスラムの世界では天海は7つ存在すると信じられていることからそのように角度を付けたと言われています。

ライオンの中庭

中庭の周囲を大理石の柱で囲んでいますが、集まった柱の数はまちまちで、1本もあれば2本、3本などと統一されていません。良く見ると垂直に立っていない柱もありますが、わざとそのようにしていて、どうやら完璧なのは神のみと言いたかったようです。

中庭の中央に置かれた12頭のライオンはアルハンブラ宮殿が建てられる200年程前のもので、ユダヤ人の屋敷から持って

きたようです。それぞれ顔やデザインが違う12頭のライオンはユダヤの12部族を意味します。

回廊を時計と逆回りに進みますが、途中3つの部屋があります。

アベンセラヘの間

アベンセラヘ家は王に仕えた名門一族でしたがこの部屋で一族郎党の首が刎ねられたという逸話が残っています。それによると、アベンセラヘ家の若者が王妃と恋仲になりそれが見つかり一族の全員がこの部屋で首を刎ねられたそうです。

諸王の間

ライオンの中庭に面して最も広い部屋で、壁で仕切られてないのは、この部屋は王家の祝い事などに使っていたからです。部屋からライオンの噴水が見えるようになっています。

部屋は柱で3つに分けられていますが、それぞれの天井の楕円形のクーポラには革が張られ、それに王たちの肖像画が描かれています。偶像を描くことは禁止されているイスラム教においてこれは冒涜行為と言えるでしょう。興味深いのはキリスト教徒の騎士や女性が描かれていることです。

この部屋はライオンの中庭同様に14世紀にモハメド5世の命で造られています。

二姉妹の間

この名前が付いたのは、恐らく床の噴水を挟んで大きな二枚の大理石板があるからだと想像できます。

この部屋は王の寝室に使用され、部屋から中庭に置かれたライオンの噴水、そして窓からはリンダラハの中庭を眺めることができます。

鍾乳洞のような天井は見事です。モハメッドはヒラー山の洞窟で瞑想していて天使ガブリエルから啓示を受けたとされていますが、もしかしてその洞窟をイメージしているのかも知れません。

二姉妹の間からは浴場の屋根を見ながら廊下を進み外にでます。途中アルバイシンとサクロモンテの眺望を望むテラスを通ります。リンダラヘの中庭に面して浴場があります。中には入れませんが入口から一部を覗くことができます。

二姉妹の間

ヘネラリフェ庭園

ナスール宮殿を出て庭園を歩きながらヘネラリフェに向かいます。天気が良い日は、各国から取り寄せた木々を見ながら気持ちが良い散歩が出来ます。

ヘネラリフェは王の憩いの場で、特に暑い夏の日は噴水の水の音を聞きながら静かに過ごせる場所でした。

造られたのは13世紀で、大使の間があるコマレスの塔より先に造られています。

アーチを描いて水を跳ね上げる噴水は美しく写真スポットになっています。また、春になると咲き誇った藤の花が心を癒してくれます。

ヘネラリフェ庭園

大聖堂と王家の礼拝堂

ナスール王朝が終焉してキリスト教徒の時代になると、アルハンブラ宮殿内のモスクは教会に変えられて大聖堂になりました。しかし、大聖堂としては小さくて信者の数が増えるにつれ収容できなくなったので、カトリック両王は市街に新しい大聖堂を建設するように命じました。

建築家エガによって大聖堂建設の計画が発表され、建設は1506年から始まることに決定されましたが、建設が始まる前の1504年にイサベル女王が亡くなったので工事は延期されます。大聖堂よりも礼拝堂の建設の方を優先したからです。

王家の礼拝堂が完成は1517年ですが、完成の1年前にフェルナンド2世王が亡くなり、サン・フランシスコ修道院に安置されていた女王の遺体と一緒に未完成の礼拝堂に埋葬されました。

礼拝堂完成後に工事は再開されることになり1523年に最初の石が置かれましたが、すぐに工事は中断され、しばらく放置されてしまいます。理由は、最初の計画では、教会はゴシック様式で建てられる予定でしたが、20年近い年月の間に様式の流行が変わってしまい、保守派と革新派の間で対立が起きたからです。しかし、ゴシックに拘るエガは工事を強行して外壁の建設を始めます。

ところが、1528年に新しく任命された大司教が建設の見直しを行い、ゴシックが時代遅れと判断するとエガを解任します。

最終的に大聖堂は1561年にルネッサンス様式の教会として完成されました。

アルカイセリア

大聖堂のすぐ横にエキゾチックな路地があります。路地というよりは横丁と言ったほうがぴったりでしょう。細い通りに土産物屋が建ち並ぶ路地に入ると、まるでイスラムの国に来たような感覚を覚えます。モロッコのスークの店のような小さな店が並んでいるだけでなく、言葉もアラブ語が飛び交っている所為かもしれません。

アルカイセリアを通り抜けるとビブ・ランブラ広場にでます。イスラム時代に広場は街の中心で市場の役割をしていたようですが、現在はおしゃれなカフェやレストランが並んでいます。休憩を兼ねてテラスでお茶などいかがでしょうか。

グラナダの郷土料理

サクロモンテ風オムレツ
(TORTILLA SACROMONTE)

スペイン風オムレツと言えば通常ポテトが入るものですが、グラナダのサクロモンテ風オムレツをには子羊の脳みそを使用します。日本人観光客にとって少々グロテスクなオムレツかも知れませんね。

サクロモンテ風オムレツ

小魚のフライ (PESCAITO FRITO)

グラナダの街には海はありませんが、車で45分ほど走ると地中海に到着できます。グラナダ県にはモトゥリルという漁港があり、そこで海老や魚が水揚げされるので、グラナダでは新鮮な魚や海老が食べられます。

フライにする魚はペスカディジャというメルルーサの子供やキビナゴ、ホタルイカが多く使われますが、軽く衣をつけてオリーブオイルでサラッと揚げるのがコツ。その上に絞ったレモンをかけて食べると美味しいです。

小魚のフライ

タパス

グラナダのタパスは他の都市と比較して量が多いのが特徴、特に学生に人気がある店や地元の人が集まる店の量は半端ではありません。ドリンク一杯注文するとそんなタパスが出てくる訳で、ビールを3杯も注文するとお腹が一杯になります。店は通常、一杯目、二杯目とそれぞれ違ったタパスを出してくれるようになっていますが、最近はタパスのメニューから自由に選べる店が増えてきています。馴染み客が行く店はオープンが遅い所が多く観光客には向かないので、夕方からオープンしているナバス通りに並んだ店が無難。ヌエバ広場近くにあるカスタニェラは雰囲気があり人気がある店です。

生ハム (JAMON DE TRAVELEZ)

アンダルシア地方ではウエルバ県にあるハブゴという村はイベリコ豚の生ハムの産地で有名ですが、グラナダにも美味しい生ハムがあります。

シエラネバダは最高峰3,482メートルのムルアセン峰を持つ山脈で、スキー場がある北側には万年雪が残っています。雪がつもらない南側の中腹のアルプハラには白い村が点在していて、その中の海抜1,470メートルのトレベレス村で生ハムが作られています。

イベリコ豚と違い使用する豚は白豚でハモン・セラーノになりますが、シエラネバダから吹き降ろす冷たい空気が良質のハムに仕上げます。

タパス

セビリア

Sevilla

　都市間の移動はスペインはバスが発達しているので便利で、グラナダからセビリアまでバスに乗ると3時間で到着します。新幹線の場合は、バスより30分ほど早いですが、途中、コルドバで別の新幹線に乗り換える必要があります。

　ただし、セビリアの前にコルドバに立ち寄る場合は、途中下車をしてメスキータを見学した後にセビリアに移動することが可能で、その場合には駅に隣接するバスターミナルに荷物を預けてから見学すると良いでしょう。

　セビリアはアンダルシアの中で最も明るい雰囲気があります。伝統的建築物にセビリアイエローという黄色を使用しているので、そんな風に感じるのかもしれませんが、人も明るく、セビリアにいると心が和みます。もしかしたら、この明るさは温暖な気候から来ているかも知れません。

　確かにセビリアっ子は明るくて人懐っこいが、同時にいい加減なところもあり、誇り高い人達が多いような気がします。誇りを持つことは良い事ですが、違った部分、特に金が絡むと性格がでるようです。私の経験ですがこんなことがありました。

　撮影コーディネートの仕事で、ヒラルダの塔を正面から撮影するという仕事を受けたことがあります。そこで、大聖堂前のマンションのテラスを借りることにしました。1ヶ月以上も前にオーナーと打ち合わせをして1時間ベランダを使用させて貰うことになり、当時の日本円にして10万円程支払うことで商談が成立になりました。さて、いよいよ撮影のクルーが到着するまで一週間を切った時に電話がありました。それは本人からではなくオーナーの弁護士からで、1時間で終了することは絶対に不可能だから好きなだけ時間を使って良いが、その代りに100万円支払えと言います。さすがにその金額には私も驚きました。アルカサールなどモニュメントの撮影費用でもそんなにはしません。結局、それを受けることによって悪例を作ることになると判断し断ることにしました。

　セビリア人の言い回しは面白く、協力を頼むと「いくらくれる」という言う代わりに「それで私のメリットは何かね」という表現をする人がいます。要は遠まわしに金をくれと言っている訳ですが、そこにも彼らの誇り高さを感じます。

　肝心なセビリアの見学場所ですが、まず、スペインで1番、世界で3番目に大きい大聖堂は外せないでしょう。大聖堂に隣接してインディオ資料館やアルカサール、細い路地のサンタ・クルス街を歩けばほぼセビリアを観光したと言えますが、ピラトの家

も捨てがたいです。

　その他に、イベロ万博時のスペイン館であったスペイン広場は、青空に高く上がる噴水の背後のスペイン館は絵になります。時間があればメトロポール・パラソルという奇抜な建物を見学しても良いでしょう。「茸」というあだなが付けられた、周囲とアンバランスな巨大な建物は屋上までエレベーターで上がることができます。

メトロポール・パラソル

大聖堂

セビリアの春祭り

セビリアで観る

大聖堂

1248年にカスティリャーナ王国のフェルナンド3世（フェルナンド聖王）はセビリアをイスラムから奪回すると、イスラムの大モスクを大聖堂に変えました。モスクの中に祭壇と聖歌隊席を造り、外部はミナレットに鐘を付けて鐘楼にすると、とりあえず教会の機能をなし、細部は徐々に付け足していきます。

しかし、14世紀末になると大聖堂の老朽化が進み建て直しが決定されます。工事は1401年に始められ1507年にゴシック様式の大聖堂が完成しました。

大聖堂の内部は、奥行き116メートル、幅76メートル、高さが42メートルの広さで、36本の柱が天井を支えています。中央が高く聳える典型的なゴシック建築で、身廊に4つの側廊という5廊の大きな教会です。

スペインの教会の特徴は祭壇と聖歌隊が分かれていることですが、セビリアの大聖堂も例にもれず信者の席の前が祭壇で、後ろが聖歌隊室になっています。

祭壇の後方にある祭壇彫刻の45枚のパネルにはイエスと聖母マリアの生涯が刻ま

れ金箔で塗られています。高さ20メートル、幅20メートルと祭壇彫刻としては非常に大きなもので、パネルが上に行くほど大きくなっているのは、下から見上げた時に同じ大きさに見えるように考えられたものです。

　大聖堂の壁に沿って当時の権力者達が造った個人の小さなチャベルが並んでいますが、それぞれ造られた時代が違うので、ルネッサンスやバロックなど、当時流行った様式を取り入れた為、異なった様式のチャベルが見られます。

　その中に聖アントニオ礼拝堂と呼ばれるチャベルがあり、セビリア出身の画家ムリリオが描いた「聖アントニオの礼拝」という大きな絵が飾られています。1874年11月4日の夜に、何者かが大聖堂に忍び込み聖アントニオの部分を切り抜いて持ち去りました。盗まれた絵は1875年1月2日にニューヨークの骨董品店で見つかり無事セビリアに戻ってきました。良く見て頂くと、ひざまずいた聖アントニオの周囲に四角く切られた跡が残っているのが分かります。

　祭壇近くにコロンブスの棺があり、レコ

ンキスタでイスラムと戦った4つの王国、カスティーリャ、アラゴン、ナバラ、レオンの王が棺を担いでいます。コロンブスがスペインのバリャドリードで亡くなると遺骨はセビリアの修道院に運ばれましたが、後にサントドミンゴの大聖堂に移されたことになっています。本当にコロンブスの遺体が中に入っているかどうかは皆さんの判断にお任せします。

アルカサール

　イスラム教徒が街の防御の為に城塞を建て城壁で囲んだのがセビリアのアルカサール（王城）で11世紀のことです。レコンキスタによりセビリアがキリスト教徒の街になるとアルカサールは王宮に変わり、歴代

の王により増築され、イスラム、ゴシック、ルネッサンス、バロックと様々の様式を持つ宮殿になりました。

　赤く塗られた城壁の門の上のタイルにライオンが描かれたライオンの門を入るとチ

ケット売り場があります。

　チケットを購入して入場するとライオンの中庭に出ます。そこから３つのアーチが見えますが、それはムアッヒド朝時代の城壁の一部で、アルカサールが建設される前のものです。

　アーチを通り抜けてモンテリアの中庭に入ると、周囲にはそれぞれ違った様式の建築物で建っています。向かって正面がペドロ１世宮殿、右が契約の宮殿、そして左がゴシック宮殿です。

ペドロ１世宮殿

　アーチを抜けてモンテリアの中庭に出ると正面にアルカサール見学のメインとも言えるペドロ１世の宮殿があります。

　14世紀のカスティーリャ王ペドロ１世は残酷王という異名を持っていましたが、オープンな考えの持ち主で、たとえ異教徒であっても有能な者は取り入れるという実力主義者でした。それ故、王にはイスラム教徒やユダヤ教徒が使えていました。イスラム文化に心酔していたペドロ１世は宮殿をイスラム様式で建設しました。この様式はムデハル様式と呼ばれ、キリスト教徒の時代になった後に建てられたイスラム様式の建築物の装飾のことです。

　宮殿の中央に乙女の中庭があり、宮殿内の部屋はその中庭を囲むように造られています。中庭から八角形のクーポラが見えますが、そのクーポラ下に天井のドームが鮮やかな大使の間があります。アルハンブラ

宮殿の大使の間の天井は四角でしたがペド
ロ1世宮殿の大使の間は丸いドームで造ら
れています。

　もう一つ、乙女の中庭から2階建ての宮
殿を見ると、様式が1階と2階で違っている
ことが分かります。2階も本来は1階と同じ
ムデハル様式で建てられていましたが、16
世紀にカルロス5世が改築してルネッサン
ス様式に変えてしまったからです。次の国
王フェリッペ2世も父親の意志を引き継ぎ、
天井を改装したのでオリジナルの天井は残
念ながら見る事は出来ません。

　天井がガラス張りになっている小さなパ
ティオは人形の中庭です。建設にあたって
職人が彫刻した小さな人形の顔（そのよう
にも見えます）があるので探してみてくだ
さい。

契約の宮殿と提督の間

　ペドロ1世宮殿を出て中庭に戻り
左側の建物が契約の宮殿（CASA DE
CONTRATACION）で、大航海時代にはこの
宮殿内でアメリカ大陸へ出向する船の船長
と国が契約を交わした場所です。

　建物に入ってすぐの部屋が提督の間でア
ルフォンソ13世と家族の肖像画などが展
示されています。この王様はセビリアで開
催されたイベロ万博の時の国王です（スペ
イン広場を参照してください）。

　2階には是非上がってください。宮殿装
飾に使用したタイルなどが展示されていて
参考になります。また窓から中庭を見下ろ

すことができます。

　1階に戻り奥に向かって進むと、大航海
時代に船長達が航海の無事を祈願したチャ
ペルがあります。祭壇画にはコロンブス
と、海の向こうは地獄と信じられていた当
時、コロンブスの為に船乗りを集めたピン
ソン兄弟が描かれています。彼らは3隻の
カラベラ船で出港しましたが、サンタ・マ
リア号にコロンブスが、ピンタ号とニー
ニャ号にピンソン兄弟が船長として航海し
ています。

ゴシック宮殿

　モンテリアの中庭から見る外観はルネッ
サンス様式でゴシックと言われてもピンと
こないかも知れません。1755年に起きた
リスボン大地震の余震によりアルカサール
の一部が被害を受けました。ゴシック宮殿
も外部が崩れ、後に修復された時にルネッ
サンス様式で建て直されたのです。

　ゴシック宮殿は聖王と呼ばれたフェルナ
ンド3世の後継者のアルフォンソ10世が
建てた宮殿で、王自身はイスラム装飾を好
んでいたようですが、狭い部屋に低い天井
そして迷宮のようなイスラムの宮殿は好き
になれず、結局ゴシック様式で宮殿を建て
ることにしました。

　ゴシック宮殿には、ペドロ1世宮殿の奥
に階段があり、それを上ると宮殿内に入る
ことが出来ます。セビリアタイルで装飾され
た回廊の天井のリブ・ボルトを見るとゴシッ
ク様式の建物であることが分かります。

広い庭園は、もし天気が良ければゆっくりと散歩して下さい。カルロス5世のパビリオンも庭園内にあります。

アルカサールの出口を出るとオレンジが植えられた中庭があり、そこから大聖堂のヒラルダの塔が見えています。出口から右に建物に沿って進むと小さなアーチの抜け穴があるのでそこを通り抜けるとサンタ・クルス街へ行く近道になっています。サンタ・クルス街には何軒かバールがあるのでアルカサールを見学して疲れたらサングリアでも飲みながら休憩をして下さい。

スペイン広場

1929年にセビリアでイベロ万博が開催されました。イベロ万博とはスペイン語を話す国が参加した万博で、スペイン及び中南米以外にもアメリカ合衆国とモロッコが参加しています。

会場の広さは25ヘクタールですが、その中の18ヘクタールはマリア・ルイサという伯爵夫人が市に寄付した土地です。万博の後に、スペイン広場に隣接する木が生い茂った公園をマリア・ルイサ公園と名付けています。

スペイン広場は万博会場のスペイン館跡で、巨大な建物は市の所有で一部は軍が使用しています。装飾にはセビリアタイルを使用し、運河に架けられた4つの橋の装飾にも使われています。4つの橋はレコンキスタで戦った4王国を表し、それぞれの橋に王国の紋章が付けられています。建物の1階は回廊で、回廊の柱の上にスペインの著名人の顔が刻まれています。外壁はタイルで装飾され、スペイン各県の歴史や逸話が描かれているので是非ご覧ください。

この万博後にセビリアは急速に発展を遂げました。1992年にもセビリア万博が開催されましたが、それ以上の成功で、万博後にセビリアは大きく発展しています。

スペイン広場

セビリアの郷土料理

フラメンコエッグ
(HUEVOS A LA FLAMENCA)

　調理する時には素焼きのキャセロールを使用し、出来上がった料理はそのままテーブルに運ばれます。

　下準備にポテトをハンバーガーショップのポテトの大きさに切り、軽くフライにし、ニンニク、玉ねぎをフライパンで炒め、赤ピーマンなど他の野菜も炒めておきます。

　温まったキャセロールにオリーブオイルを多めに入れ、その中に卵を割って落とします。準備した野菜と細かく切った生ハムと腸詰を加え、その上にトマトソースをかけオーブンに数分入れて出来上がり。

 カソン・デ・アドボ(CAZON EN ADOBO)

　カソンという小さなサメの身を3センチほどに四角く切りマリネにします。この時マリネの液にすりつぶしたニンニクも加えます。それに小麦粉をつけて揚げたものです。サメと聞くと少し引くかもしれませんが、味はあっさりしていて中々美味しいです。

B級グルメ　カタツムリ (CARACOLES)

　乾燥したアンダルシアの台地には野生のアザミが咲き、初夏になると子供達がアザミについたカタツムリを取りに行きます。アザミは棘だらけで、棘は太く針の様に尖っているのでカタツムリを手で取るのは大変です。そこで左手に分厚い手袋をしてアザミの茎を掴み(右利きの場合)、右手に持った棒で茎を叩くと下に置いたザルにカタツムリが落ちてきます。こうして集めたカタツムリをバールに持って行くと小遣いがもらえるという訳です。

　子供達が集めたカタツムリは2、3度水で洗われ、ニンニク、フェンネル、香辛料と唐辛子と一緒に茹でられビールやワインのおつまみになります。

　カタツムリと言っても、アストリアやカタルーニャで食べられるものは我々が想像するフランス料理に使うエスカルゴですが、アンダルシアのものは小粒で日本のタニシぐらいの大きさしかありません。茹であがったカタツムリを爪楊枝ほじくり出して食べるのですが、それが少々面倒です。

カソン・デ・アドボ

タパスが並んだカウンター

B級グルメ タパス

アンダルシアではドリンクを注文するとタパスが付いてくるのが当然と言ってもおかしくありませんが、セビリアではほとんどの店がタパスを出してはくれません。恐らく観光客など一元の客が多いからでしょうが、そこにセビリア人のしたたかさを見るような気がします。

有料ですがタパスのバールが集まった場所を紹介しますと、分かりやすいのは、大聖堂のヒラルダの塔から始まるオレンジの並木のマテオス・ガゴ通り。店の大きさやスタイルはまちまちですが雰囲気がよい店が何軒かあります。もしくは闘牛場の裏にあたるアドリアノ通りにもおしゃれな店が何軒かあり地元の人に人気があります。ア

ドリアノ通りに近いカステラール通りに、シンコ・ホタ (5J) という生ハム専門店があり美味しいイベリコ豚の生ハムを食べさせてくれます。トゥリアナ橋を渡ったトゥリアナ地区にも庶民的なバールが集まっているので勘を頼りに探してみるのも良いかも。

写真のタパスはカソン、茄子のフライ、イワシ

イベリコ豚の生ハム

タパスってどんな料理？

　タパとはスペイン語で蓋という意味があり複数形がタパスです。国王アルフォンソ13世（セビリアのイベロ万博が開催された時の国王）がアンダルシア地方のカディス県の海岸でシェリー酒を注文しました。その日は風が強くて砂が舞っていたので、ウェイターが気を利かせ、国王に出すつまみの小皿に別の皿で蓋をしたものをシェリー酒が入ったグラスに乗せて出したのがタパスの名前の発祥だと言われています。

　通常のタパスは生ハムやオリーブ、そしてスペインオムレツなどが乗った小皿をワインやビールのつまみに出しますが、特にこれでなければいけないというルールはなく、店が決めたものが出されます。

　店を選ぶコツは、カウンターに料理が並んでいる店が良く、何も置いていない店では、奥の調理場からタパスを出してくれる場合もありますが、ポテトチップなどが出てくる場合が多いです。

　スペインでは地方によって習慣が違い、アンダルシアやマドリードでは通常タパスは無料ですが、カタルーニャやバレンシア、それにバスクでは有料になります。個人的に感動したタパスはアンダルシア地方のグラナダとアルメリアで、グラナダは量の多さ、アルメリアでは量もありますが凝ったタパスが出てくる店が多かったことです。海辺の町のバールで海老を出してくれた時は得した気分になりましたし、サンルカールの港のバールでシャコを出してくれたのは印象に残っています。

　バスク地方ではタパスではなくピンチョスと呼びます。ピンチョとは串という意味で、パンの上に乗せたカナッペ風のタパスに爪楊枝がささっています。ここでもピンチョの複数がピンチョスになります。

　スペインでは是非バールでタパスを味わってください。

コルドバ

Cordoba

　756年にアブデルラーマン1世が起こした西ウマイア朝はコルドバ王朝とも呼ばれています。コルドバ王朝の全盛期は10世紀で100万人の人口を持つ大都市でした。因みに当時のパリの人口は当時10万人だったということです。

　アルカサールとはイスラムの王宮でグラナダのアルハンブラ宮殿もアルカサールになります。アルハンブラ宮殿と違い、コルドバのアルカサールは完全に破壊され、今では城壁しか残っていなくて中は公園にされています。しかし、当時の勢力から想像すると、グラナダのナスール王朝とは比べようもない勢力を持っていたコルドバ王朝だったので、アルハンブラ宮殿以上の豪華な宮殿だったかも知れません。

　メスキータは当時メッカのカーバ神殿に次ぐ大きなモスクで3万人が一度にお祈りができたようです。

　コルドバ王朝の時代には、城壁内にはイスラム教徒、ユダヤ教徒、キリスト教徒が共存していて地区によって彼らの住居が分かれていました。コルドバを含め、かつてのイスラムの街は、攻め込んで来た敵を迷わす為に、街が迷路のように造られていて、旧市街を散策する時にちょっと迷うかも知れませんが怖がる必要はありません。どの家も中庭があり花で飾られていて、外から眺めることができるかも知れません。

　コルドバの夜はセビリアやグラナダと比べると食べ歩きするのには寂しいかもしれません。店も早く閉めるところが多く、グラナダの夜を体験した人にとってコルドバは少々物足りなく感じるでしょう。

ローマ橋

メスキータ

コルドバで観る

メスキータ (モスク)

　係員にチケットを見せてオレンジの中庭からメスキータに入ると、薄暗い建物の中に赤と白の縞模様の無数のアーチが立ち並び、まるでナツメヤシの森の中に迷い込んだかのような錯覚を覚えます。

　アーチを支える大理石や御影石の列柱はローマ遺跡や教会から持ってきたもので1本ずつ様式や長さが異なり、短い柱は石の台座によって高さを調整しています。

　750年、アッバス朝との戦争に負けたウマイア朝の最後のカリフ、マルワーン2世が逃亡先のエジプトで暗殺されてウマイア朝は滅びますが、ウマイアの血を引く王子アブデル・ラーマンはスペインのコルドバに無事逃げ延びることが出来ました。

　756年に彼はコルドバで西ウマイア朝（後期ウマイア朝）を起こすとアブデル・ラーマン1世として即位しますが、後にコルドバ王朝として世界に君臨する王国が誕生するとは当時の誰もが想像しなかったのではないでしょうか。

　786年、サン・ビセンテ教会が最初のメスキータになります。

　当時のサン・ビセンテ教会では、イスラ

ム教徒とキリスト教徒が交代で使用していたようで、例えば金曜日はイスラム教徒が礼拝として使い、日曜日はキリスト教徒のミサが行われていたようです。それを、アブデル・ラーマン1世が教会を買い取ってメスキータ（モスク）にしました。当時の教会のモザイクがメスキータの床下に残っています。

822年のアブデル・ラーマン2世統治時代にメスキータは拡張されます。そして、929年にアル・ハカムにより2度目の拡張が行われました。この時代がコルドバ王朝全盛期にあたり、メスキータはグアダルキビール川近くまで到達しました。

拡張の度に、メッカの方角を指すミフラブは新たに造られますが2度目の拡張時のミフラブは2つ付けられています。鉄の柵により中に入る事はできませんが注意してみて下さい。実は、左の小さい方のミフラブは王家専用だったものです。壁は金箔とガラスをふんだんに使ったモザイクで装飾されています。ビザンチンのニケフォロス2世から贈られたもので、職人とともに材料はコンスタンティノープルから持って来られています。

話は飛びますが、メスキータから北西に10キロほど行くと世界遺産に認定されたイスラムの城塞都市メディナ・アサーラがあります。この都市はアル・ハカムの父王であったアブダル・ラーマン3世によって建設されたもので、発掘中の遺跡を見学するといかに10世紀のコルドバ王朝に力が

あったのか想像できます。

最後の拡張は10世紀末のアルマンソールの時代になります。グアダルキビール川まで到達したメスキータはメッカの方向に拡張するのが不可能だったので横に拡張されましたが、その頃はコルドバ王朝も衰退期に入っていて、増築に使った石材の質はそれまでと比べて落ちています。

グラナダのアルハンブラ宮殿の一部を破壊して新たな宮殿を建設したカルロス5世はメスキータにも手を入れています。

グアダルキビール川の対岸からメスキータを見ると中央部分が突出しているのが分かりますが、その部分が大聖堂です。カルロス5世は1,000本以上あった柱の150本ほどを撤去して大聖堂を建設しました。コルドバでもアンバランスな建築物を造ってしまったのです。ちなみに、現在のメスキータの柱の数は856本です。

ラテン十字の聖堂の天井のドームはルネッサンス様式の楕円形で、祭壇の壁には大理石がふんだんに使われています。

祭壇左右の説教壇を大理石のライオン、鷲、牛、天使が支えていますが、それらは4人の福音書記者を現し、それぞれ聖マルコ（ライオン）、西ヨハネ（鷲）、聖ルカ（牛）そして聖マタイ（天使）を表しています。聖歌隊席はカリブ海から持ってきたマホガニー材を使用しています。パイプオルガンは17世紀のもので、ミサの時には演奏されます。

ローマ橋

いつも沢山の観光客が歩いている橋は紀元1世紀にローマ人によって造られた橋です。ですから、2000年も前の建造物を人が歩いているのです。今でこそ歩道になっていますが、数十年前まではこの橋の上を観光バスや車が通っていて、その当時、石畳はアスファルトで覆われていました。そのころの橋は車のスモッグで黒くなっていて、歩行者は車が通る度に橋の欄干に体を寄せて車を避けていました。今は石畳の代わりに御影石の板を敷き詰めて歩きやすくしています。情緒はありませんが、車が通るよりははるかによいと思います。

橋の長さは330メートルで16のアーチで支えられています。アーチの間の出っ張りはイスラム時代に付け加えられたもの

で、洪水の時に流れてくる物体で橋が傷むのを防ぐように考えられたものです。

グアダルキビール川に架かった橋の両岸に２つのモニュメントがあります。ローマ時代の凱旋門と対岸にあるカラオラの塔です。

凱旋門はローマ時代の建築物で、その当時の城壁の一部であったことは間違いないようですが、いつ建てられたのかははっきりしていません。また凱旋門という言い方に賛成しない人も多くいるので橋の門とも呼ばれています。門の下にはローマ時代のモザイクが残っています。

カラオラの塔はイスラム時代に街の防御の為に建てられた建造物です。ローマ橋は当時コルドバに架かっていた唯一の橋で、夜になると門が閉められ橋を渡る事が出来ませんでした。現在の塔はコルドバがキリスト教徒に奪回された後に拡張されたものです。

ポトロ広場

1577年にフェリッペ２世時代に作られた広場で16世紀には街の中心の広場だったようです。その当時の広場は活気があり、しはしばしば博労市が開かれ、周囲に店が並んでいました。

広場にポサダ・デル・ポトロという宿屋があり以下の逸話が残っています。

14世紀のペドロ１世王に仕える一人の

ポトロ広場

指揮官がこの宿屋に宿泊した時に宿の娘を見てその美しさに驚さました。指揮官は彼女が宿の主人の娘だと思ったのですが、主人は彼女とは似ても似つかぬ醜男だったので少し不思議に感じていました。

夕食の後、宿の主人は「宿で一番の部屋を用意したのでゆっくりとお休み下さい」と言って指揮官を2階の部屋に案内しました。

夜になって娘が部屋にやって来ると指揮官に、今夜は絶対に眠らぬように忠告しました。彼は娘の忠告に従い眠らずにいると、夜中に床の隠し扉が開き宿の主人が姿を現しました。そして指揮官の荷物に手をかけましたが、その時主人は、まだ客が起きていることに気付き逃げ去りました。

セビリアに帰った指揮官が会議でその事を告げるとペドロ1世は役人をコルドバに派遣して宿を調べさせました。すると、宿から宿泊客の衣服や宝石が沢山見つかり、床から何人かの死体が発見されました。その中の一人は娘の父親でした。

それを知り怒った王は死刑執行人に一番残酷な刑を執行するように命じました。宿の主人は馬につながれて股裂きの刑にされたそうです。その後指揮官は娘と結婚しました。

ドンキホーテの小説にも宿の名前のみ登場していますが、作者セルバンテスは宿に宿泊したことがあるのかも知れません。現在、ポサダ・デル・ポトロは15世紀の宿のイメージで復元され見学が可能です。

ポトロ広場からは、バールが並ぶコレデロ広場に近いので立ち寄って下さい。

コルドバの郷土料理

オックステイルシチュー(RABO DE TORO)

コルドバと言えばやはりオックス・テイル・シチューでしょう。時間をかけてグツグツと柔らかくなるまで煮込んだオックス・テイルはコラーゲンたっぷりで、初めて食べる人は見た目で驚きますが一口食べるとその美味しさに表情が変わりファンになってしまうシチューです。

オックスとは英語で去勢牛ですがトロはスペイン語で雄牛です。本来は違う牛なのですがそこはあまり気にしないように。実際には去勢牛を使っている店の方が多いのではないでしょうか。

コルドバでシチューを食べたい人はエル・カバリョ・ロホ (El Caballo Rojo) という老舗で食べると良いでしょう。平成天皇

オックステイルシチュー

も食された店です。正直、先代の時代と比べると若干味が落ちている感もなくはありませんが満足できると思います。場所はメスキータの横なので便利です。

タパス

昼間は観光客で賑わうメスキータ周辺の店は夜になると人出がなくなり早い時間に閉まってしまいます。夜のコルドバを体験したい人はコレデラ広場かテンディリャス広場周辺がよいでしょう。

メスキータの周囲にサントス (BAR SANTOS) という小さなバールがあり、その店の名物は巨大なスペインオムレツです。店に入ってすぐに3段重ねのショーウインドーがありオムレツを置いています。何でも卵30個使って作るとの事です。味は…

タパス　巨大なスペインオムレツ

アンダルシアのワイン

ヘレス (シェリー)

一般的にシェリー酒と呼ばれていますがスペインではヘレスになります。これは、イギリス人がヘレスという発音ができずシェリーと呼ぶようになったからです。

使用する葡萄は、フィノ (ドライシェリー) の場合は主としてパロミノ種の葡萄を使用します。

葡萄畑は、ヘレス・デ・フロンテーラ、プエルト・デ・サンタマリア、そしてサンルカール・デ・バラメダ、この三つの街を線で結んだ三角地点と呼ばれる土地にあり、この畑以外で収穫された葡萄は使用できません。土壌はアルバリサと呼ばれる白い土で、吸水力があり、地下2、3メートルは粘土質の土壌になっています。そこには一年中水を蓄えられているので、たとえ干ばつでも葡萄に被害が及ぶことはまずありません。

三角地点で収穫された葡萄を一度天日乾燥させた後に圧縮機で絞り樽に入れて発酵させます。その時樽は葡萄汁でいっぱいにしないで、わざと5分の1ほど空気を残すようにしています。そうすることによって、発酵中に樽の中のワインの表面にフロール (花という意味) と呼ばれる白い酵母のカビが作られワインの表面に膜を作ります。この膜がワインに空気が触れないようにしてワインの酸化を防いでくれます。

シェリーはアルコール強化ワインでブラ

樽から注がれるシェリー酒

色んな種類のシェリー酒

ンディを加えて度数を17度前後に調整します。この度数にする理由はフロールを保つ為でこれ以上度数を上げるとフロールが死んでしまい樽の底に沈んでしまうからです。因みに食後酒として飲まれるオロロソなどは度数を高くして作られるワインです。

16世紀の大航海時代にシェリー酒は船で南米大陸に運ばれ売られましたが、航海中に船乗り達もシェリー酒を楽しんだことでしょう。それに、船底に積まれたシェリー酒の樽は重しの役割をして船を安定させる働きをしたようです。

16世紀になるとカディスの海岸にイギリスに雇われた、スペイン人に言わせるとイギリスの海賊が頻繁に現れるようになります。海賊たちは商船を襲うと船荷以外にもシェリー樽を奪ってイギリスまで持ち帰りました。例えばフランシス・ドレイクが1587年にカディスを襲撃した時にも大量のシェリー酒を持ち去ったようです。幸か不幸か、そのお蔭でイギリスではシェリー酒がブームになったようで、後にイギリス

への輸出に大いに役立つことになったという訳です。

17、18世紀にイギリスへの輸出が増加するに従い、シェリー酒はイギリス人好みの味に仕上げられていきます。ブランディを加えてアルコール度を上げ、ソレラ様式でワインの味を一定させる方法もこの時代に考えられたものです。

ソレラ様式とは、シェリー酒工場を見学すると3段に積まれたワインの樽を見る事ができますが、瓶詰する時に一番下の樽から古いワインを3分の1抜き取ります。抜き取られた樽には2段目の樽から補充され、その樽には一番上の樽からワインを補

ソレラ様式のシェリー樽

ソレラ様式

ネズミ用のシェリー酒と梯子

充します。そしてその年の新しいワインが一番上の樽に入れられるというシステムで、そうすることによって味を一定にさせることが出来るように考えられています。

ドライシェリーのフィノ以外にも、フィノが出来上がる前にアルコールを加えて度数を18度から20度に上げるアモンティジャドがあります。アルコールを加えることで、ワインの表面に浮かんだカビが死に

樽の底に沈みワインが酸化します。それによりアモンティジャドの色は琥珀色になると同時にドライフルーツのような繊細な香りを醸し出します。

最初からアルコールを上げて熟成させるオロロソはアモンティジャドより更に色が濃くアルコール度数も高くコクがあります。

三角地点の一つの街、サンルカール・デ・バラメダにも沢山のワイナリーがあり、同じ葡萄を使用し、同じ工程でワインを作っていますがヘレスではなくマンサニージャと呼ばれます。

海岸線にあるサンルカールは湿気があり気温がヘレスのように高くなりません。それがワインに良いとワイナリーの見学に行くと案内人が自慢げに話してくれます。

コルドバ県のモンティージャという町でもシェリー酒と同じ製造法でワインが作られていますが原産地呼称はモンティージャになり、ここ数年品質が向上しています。コルドバ県以外では、バールに行ってもめったに置いていないので、コルドバに行かれたら是非試してみてはどうでしょうか。

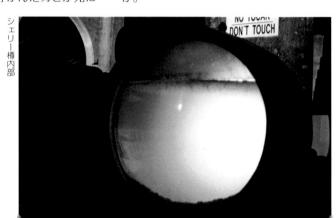

シェリー樽内部

マドリード

新と旧が交じり合う美しい首都

　アンダルシアとマドリード間の移動には新幹線が便利です。飛行機も飛んでいますが、1時間前に空港へ行く、市内―空港間の時間、そして遅れの可能性などを考えるとやはり新幹線の方が良いでしょう。

　現在、セビリア、コルドバ、グラナダ、マラガからマドリードまでは乗り換えなしで到着出来て時間も正確です。到着が遅れた場合には、新幹線の種類により規定は違いますが払い戻しがあります。例えばAVEの場合15分の遅れで半額、30分の場合は全額払い戻しになります。到着する駅は、どの新幹線もマドリードの中心地にあるアトーチャ駅です。

　アトーチャ駅にはバルセローナからの新幹線も到着しています。最近は新幹線を利用する方で、駅近辺のホテルを希望される旅行者が増えていますが、果たしてそれがベストな選択かどうかは分かりません。まず比較的料金が高いホテルが多く、それに近いと言っても中途半端な距離だと、かえってタクシーも使い辛くドライバーも良い顔をしません。そうかと言って、徒歩でホテルまで荷物を持って歩くのも大変です。多少離れていてもタクシー代は然程高くはないのでホテルは質と目的で選ぶことをお勧めします。

　マドリードを観光する場合はプラド美術館とソフィア王妃芸術センターなどの美術館と王宮が中心になりますが、グループ旅行ではあまり見学しないソルを中心にした旧市街を散策してマヨール広場は是非訪れて頂きたいものです。

アトーチャ駅

新幹線

プラド美術館

マドリードで観る

プラド美術館

　国王カルロス3世が1785年に自然科学室として設立しましたが、19世紀に国は所有していた絵画の保存を目的として美術館に変えると絵画を一般公開することにしました。

　展示されている絵画は15世紀から19世紀までのもので、数は約1,700点ですが、これは美術館が所有する絵画の10%程度です。

　鑑賞に当たり、メインの絵は16世紀のエル・グレコ、17世紀のベラスケス、そして18世紀のゴヤの作品は外すことは出来ないでしょうが、その以外にもボッシュやルーベンスの作品も見逃せません。作者について簡単に紹介します。

エル・グレコ（1541-1614）

本名はドメニコ・テオトコプロスでギリシャのクレタ島の出身です。スペイン人が彼の名前をうまく発音できず、ギリシャ人という意味のグレコと呼びました。

グレコはベネチアでティツィアーノに師事しているので、その所為か赤の使い方がティツィアーノに似ています。また、肖像画に見られるようにベネチア画独特の暗い背景で主人公に光が当てられているような絵が多いです。

彼がスペインに来た目的は、当時、工事が始まったエスコリアル修道院の礼拝堂を飾る絵の売り込みだったようですが、彼の画法は国王フェリッペ2世に受け入れられず、失意のうちにトレドに移ったということになっています。ところが、彼はトレドで名声を得ることになり、画家として一気に花を咲かせることになりました。

グレコの絵の特徴は、人物が細長く、かつ身体がねじれたように描かれていることです。クレタ付近にある島の修道院の壁画にこの画法で描かれた人物が描かれている

と聞いたことがありますが、それが本当なら、グレコはその絵を観た事があるのかも知れません。

プラド美術館には「羊飼いの礼拝」、「受胎告知」、「キリストの復活」、「三位一体」、などが展示されています。

エル・グレコの作品

羊飼いの礼拝

天使から救世主の誕生を聞いた羊飼い達がベツレヘムの家畜小屋を探し当て、そこで飼葉桶の中に寝かされた、生まれたばかりのイエスを見たという福音書に書かれた物語を描いたものです。

絵では、シーツにくるまれた赤ん坊のイエスから発せられる光が他の人物に当てられています。グレコはキャンバスを上下に分け、天界と地上を表して描いていますが、これは晩年のグレコが用いた画法です。

地上にはイエスの周囲に聖母マリアと聖ヨセフと3人の羊飼いを描いていますが、手を合わせて拝んでいる茶色い服を着た羊飼いの顔をグレコ自身の顔にしています。羊飼いの足元の子羊はおそらく誕生の祝いだと考えられますが、キリスト教における生贄を意味しているのかもしれません。牛を描いているのは、イエスが生まれた場所が家畜小屋であることを示しているからで

胸に手を置く騎士
©La Pintura Española

ドン・セバスチャン・デ・モラ
©La Pintura Española

羊飼いの礼拝
©プラド美術館

受胎告知
©プラド美術館

キリストの復活
©La Pintura Española

三位一体
©La Pintura Española

す。天界では誕生を喜ぶ天使達が描かれています。

受胎告知

天界と地上の間に精霊を表す鳩が描かれ、そこから放たれる光が聖母マリアの衣装に当たって輝いています。天使ガブリエルから懐妊を告知されたマリアは本を読むのを止めて驚きの表情をしています。天界の天使たちはそれぞれの楽器を演奏して祝っている様子を描いています。

グレコの受胎告知は化身と呼ばれたように周囲から受け入れられず、プラド美術館さえも1982年まで他の場所に移していたほどです。恐らく旧約聖書に書かれている燃えている芝が描かれているのが原因ではないでしょうか。

キリストの復活

グレコは赤や黄色そして青と明るい色を用いて描いています。イエスの顔は穏やかで、微笑んでいるように見えます。左手に持った白い旗は純潔と勝利を表し、赤い布は殉死を意味しています。

登場人物の身体はグレコ特有の画法で不自然に細長く描かれています。イエスと黄色い服の男、左右の男達のように対象に人物を描くことで絵のバランスを取っています。イエスの復活に驚くローマ兵達の顔はぼやかしていますが、その中に一人だけ腰を下ろして顔に手を置いて下を向いた兵士が描かれています。

三位一体

エスコリアル修道院で彼の絵が受け入れられず失意の中にあったグレコの元に、友人のディエゴ・デ・カスティーリャがトレドのサント・ドミンゴ修道院の祭壇画を描く仕事を持って来たので、グレコはそれを受けることにしました。

グレコは、ある意味光に拘った画家で、絵に描かれた背後の暗闇から、精霊を表す鳩が放つ光が登場人物に当てられています。神である父に抱かれたイエスの身体はミケランジェロの彫刻を彷彿させます。カラフルな色使いはティントレットの絵画の影響を受けていると言われています。

ベラスケス（1599-1660）

出身はアンダルシアのセビリアで、パチェコの工房で修行をします。そこで実力を発揮したベラスケスを師匠のパチェコが気に入り自分の娘と結婚させます。

ベラスケスはパチェコの紹介でオリヴァレス公爵を知り、彼の招きでマドリードの宮廷に入ると国王フェリッペ4世の乗馬姿を描き評価を得ます。

しかしベラスケスの名声が高まるにつれ、当時宮廷を牛耳っていたイタリア画家達の嫉妬を買うことになり、彼らと絵を競うことになります。その時にベラスケスの描いた「バッカスの勝利」が評価され更に名声が高まり、褒美として2年間イタリアに留学が許されます。

留学中にベネチア、フィレンツェなどに滞在して絵を学びますが、それによって彼の作品には遠近法が用いられるようになります。代表作と言える「ラス・メニーナス」は、後にゴヤやピカソに影響を与えています。その以外にも「ブレダの開城」という大作がありますが、キャンバスの右に描かれた馬が尻を向けているのが印象的です。

晩年にもイタリアに旅行が許されますが、同時に絵画や彫刻など美術品購入を命じられ多くの作品を宮廷に持ち帰っています。

ベラスケスの作品

バッカスの勝利

一回目のイタリア旅行のきっかけになった作品です。酒の神であるバッカスは、中央やや左に樽の上に腰を下ろしています。裸で描かれたバッカスの頭には葡萄の葉で作られた冠を被せ、ほろ酔い気味のバッカスの白い肌に光が当たって輝いています。

登場人物は左右に分かれ、左側に高貴な人達を右側に労働者風の男達を描いています。

左側の高貴な人達の頭には冠を被らせ、バッカスの左隣の男に持たせたグラスは、右側の男が持つ陶器の器に比べていかにも高価に見えます。酔って上機嫌の男達は街の通りの居酒屋で見かけられる酔っ払いをそのままキャンバスに描いているようです。

通常のギリシャ神話を題材にした絵は神々しさがありますが、ベラスケスは一般大衆の中に描き、少し冒涜的ともいえますが当時としては斬新な絵でした。

ブレダの開城

オランダ独立戦争（80年戦争）時の1625年にスペイン軍がオランダの城塞都市ブレダを落城させたという史実を元にベラスケスが描いた作品です。勝利したスペイン軍のスピノラ将軍が敵軍の将で城主で

バッカスの勝利　©プラド美術館

ブレダの開城　©El Prado Basico

織女たち（アラクネの寓話）©El Prado Basico

あるナッサウから城門の鍵を受け取る場面が中央に描かれています。スピノラは敵将を讃えて肩に手をやることで、ベラスケスは将軍の高潔さを表現しています。何人かの登場人物の視線がこちらを向いていて、これにより絵を見る人が絵のシーンに入り込めるように考えられているようです。尻を向けている馬はオランダ軍の馬の対角に描かれ動きを感じさせます。馬の右側に平たい帽子を被りグレイの服を着ている男はベラスケス自身の顔で描いています。灰色がかった背景は戦争のシーンを表し、焼け落ちる家屋の煙を描いています

ベラスケスは1回目のイタリア旅行の時にスピノラ将軍とバルセローナからジェノバまでの船で知り合い、彼からブレダの戦争について詳しく聞いています。「ブレダの開城」以外にもスペイン軍が持つ槍から「槍」というタイトルも付けられています。

織女たち（アラクネの寓話）

織物が得意な織女アラクネが芸術の女神アテナと織物で勝負をし、負けて蜘蛛に変えられるというギリシャ神話の寓話を描いた作品です。

糸を紡ぐ二人の織女の右がアラクネですが、いくら織っても糸になりません。左の老婆姿の女神アテナの糸はみるみるうちに紡がれています。ベラスケスは、老婆が回す糸車の動きを上手く描いています。

アテナは軍神でもあり、奥の部屋で3人の女性が見ている出来上がったタペストリーには兜を被った女神アテナがアラクネの姿を蜘蛛に変えようとしている場面が描かれています。

奥の部屋と二人の織女の間に顔が影になった女性を描く事により奥行き感を出しています。

実際にベラスケスは光と影をうまく使い、転がった糸玉や糸くずなどにも光を当てることで臨場感を出しています。

ラス・メニーナス

ベラスケスが亡くなる4年前の1656年に描かれた作品で、ベラスケスは絵のタイトルをフェリッペ4世の家族としました。ラス・メニーナスに名前が変わったのは絵が描かれて200年ほど経ってからです。

メニーナスとは侍女のことで、絵の中央に描かれたフェリッペ4世の4女マルガ

ラス・メニーナス

©プラド美術館

リータ王女の左右にいる女性、マリア・アグスティーナ（左）とイサベル（右）になります。マリア・アグスティーナは盆の乗った飲み物が入った器を王女に差し出しています。

　侍女イサベルの右に描かれた正面を向いている醜女のマリバルボラは、犬の背中に足を置くニコラシートと同様に道化です。奥の入口の階段に立っているホセ・ニエトはマリアナ王妃の侍従です。これらの登場人物は実在した人達ですが、一人だけ、イサベルの後ろにいる喪服を着たマルセラ・デ・ウリョアの隣に描かれた人物だけは誰だかはっきりしていません。

　左のキャンバスの前には筆を持ったベラスケス自身を描いています。彼が国王夫妻の肖像画を描いている時にマルガリータ王女がお供を連れて現れるという設定で、奥のドアの左にある鏡には国王夫妻が写っています。

　ベラスケスは後部のドアを開けて描くことで、そこから差し込む自然光がマルガリータ王女に当たるように考えています。1651年生まれの王女はこの作品が描かれた時は4歳です。

　一つ疑問が残るのはベラスケスの衣装に描かれたサンティアゴ騎士団の赤い十字で、実際に彼がフェリッペ4世から騎士団の称号を得たのは3年後の1659年で、絵を制作した時は、まだ彼の衣装には十字が付けられていなかったはずです。恐らくベラスケスは称号を得た後に十字を描き加えたのではないでしょうか。

ゴヤ (1746-1828)

　サラゴサ近郊のフエン・デ・トドスという貧しい村で生まれたゴヤは子供の頃から絵の才能があったようです。ある日、まだ子供だったゴヤは、日課である水汲みの為に水車小屋に行った時に小屋の壁に墨でいたずら描きをします。それを偶然見かけた旅の僧侶が、ゴヤが持つ絵の才能を見抜き、両親を説得してサラゴサに連れて行き絵の修業をさせます。

　3年間サラゴサで修行したゴヤは、兄弟子で宮廷画家になっていたバイユーを頼ってマドリードに行きます。

　ところが、ある日殺傷事件を起こし（ティエポロを短刀で傷つけたと言われて

いMS）ローマに逃亡しますが、イタリア滞在がゴヤにとって良い修行になったのかも知れません。

ほとぼりが冷めてマドリードに戻った彼は、再びバイユーを頼り王立タペストリー工場で下絵を描く仕事にありつきます。

ゴヤが描いた下絵はプラド美術館に展示されていますが、市民の生活を描いた作品に、他の画家とは違う角度で見る彼の洞察力を感じます。

後に宮廷画家になった彼の絵はカルロス4世に気に入られますが、その時代に描いた「裸のマハ」や「カルロス4世の家族」は彼の代表作とも言えるでしょう。またフランス軍による占領当時に描いた「5月2日」と「5月3日」もインパクトがある作品で、現代であれば、彼は報道カメラマンであったのではと思わせる印象を与えます。

後に彼は病気を患い聴力を失うと、元々世の中を曲がって見る性格がその所為でさらに歪んでいきます。家の壁に描いた黒い絵を見ると、彼の精神状態が分かる気がします。最終的にスペインに見切りをつけたゴヤはフランスのボルドーに移りそこで生涯を終えます。

ゴヤの作品

裸のマハ

マハとは口語で「いい女」という意味があります。

この絵をゴヤが描いた年は1800年もし

くはそれより少し前のようです。裸婦の絵はゴヤの時代よりずっと前から存在していましたが、それらは全て宗教画か、ビーナスなど神話を題材にしたものに限られていました。そういう意味では、「裸のマハ」は現在でいうヌード画になり、モデルの女性は笑みを浮かべてじっとこちらを見ています。

美術館でグループに説明していたガイドが、モデルはゴヤの愛人であったアルバ侯爵夫人を描いたもので、留守だった侯爵が帰ってくることを知ったゴヤが一夜で「裸のマハ」を隠す為に描いた絵が「着衣のマハ」ですと言って、美術館で隣に展示している「着衣のマハ」を紹介していました。話としては面白いですが大いに疑問を感じる説明です。

この絵が発見されたのは1807年で、アランフェスの暴動により失脚した宰相マヌエル・ゴドイからフェルナンド7世が没収した絵画の中にあったもので、恐らくゴドイがゴヤに描かせたものでしょう。

ゴヤはアルバ侯爵夫人との関係は噂になっていて彼女を描いた可能性は否定できませんが、モデルの女性はゴドイの愛人であったペピータ・トゥドではないかという説もあります。見つかった絵には当初「ジプシー女」という名が付けられていました。

「着衣のマハ」は5年以上後に描かれたもので絵画に蓋をする為に描かれたものと思われます。押さえつけるように描かれた「裸のマハ」に比べて「着衣のマハ」は軽い

裸のマハ　　　©La Pintura Española

5月2日　　　©La Pintura Española

5月3日　　　©La Pintura Española

タッチで描いています。

　裸婦の絵を描いたことにより、ゴヤは異端尋問所に呼び出されています。ゴヤが何と答えたのかは分かっていませんが証拠不十分で無罪になっています。

5月2日と5月3日

　フランス統治下であった1808年5月2日にマドリードの民衆はフランス軍に対して蜂起します。フランスに雇われたエジプトの傭兵相手に市民はろくな武器を持たずに彼らと戦っています。背景の教会は、現在は存在しませんがビクトリア修道院のようで、場所はソルだと思われます。

　反乱はすぐに鎮圧され、翌日の5月3日の夜明け前に反乱者達はプリンシペ・ピオの丘で処刑されます。銃殺されて血にまみれた死体、恐怖で顔を押さえている人、下を向いて銃を構えるフランス正規軍の兵士達の銃口の先で最後の祈りを唱える神父など、場面が生々しく描かれています。

　その中で白いシャツの男性が堂々と手を上げて跪いていますが、彼の掌には傷跡があります。どうやら磔になったキリストと重ね合わせているらしく、男の掌の傷は聖痕を表していると思われます。この2枚の絵は事件が起こった10年後に描かれたものです。

タペストリーの下絵

　義兄のバイユーの紹介で、ゴヤはサンタ・バルバラ王立タペストリー工場で仕事をしますが、その間に43枚のタペストリーの下絵を描いています。通常は題材に、歴史や宗教、そして神話などが描かれるのが、その時代には一般的でしたが、ゴヤが描いた多くの絵の題材に市民の日常生活を取り入れています。例えば、「陶器売り」、「日よけ」、「収穫祭」、「かごめかごめ」など。その中で最も印象的な絵を1枚ご紹介します。

結婚式

　金持ちで中年の醜男と若くて美しいが貧乏な娘の結婚式を題材にしています。男の衣装を目立つように赤にして彼の裕福さを表しています。後ろの神父と娘の父親は金をもらったようで嬉しそうな顔をして列に続き、楽師の周りではしゃぐ貧しい子供達は、まかれる小銭を楽しみに集まっている

結婚式　©Wikipedia

黒い絵　©La Pintura Española

カルロス4世の家族　©プラド美術館

のでしょう。列を見守る女性達は軽蔑と嫉妬が混じった目で花嫁を見ています。皆が喜ぶ中で花嫁だけは気が乗らないようで、ゴヤは花嫁の靴を左右反対に履かせています。

黒い絵

国王カルロス4世の元で活躍したゴヤでしたが、新国王フェルナンド7世とはうまく行かず、1819年にマドリード郊外のマンサナレス川の畔でボルドーに移るまでの5年間暮らします。黒い絵はその間に家の壁にゴヤが描いたものです。

何故そのような暗い絵をゴヤが壁に描いたのか、原因はフランス軍によるスペインへの侵略と、その後の戦争も要因の一つである思われますが、周囲を歪んで見るゴヤが、耳が聞こえなったことと、フェルナンド7世のゴヤに対する仕打ちが彼を疑心暗鬼にさせたのが原因ではないかと思われます。

ゴヤが去った後に発見された絵は、壁を剥がして額に入れパリに運ばれ展示されましたが、後にスペインに返されてプラド美術館に収められました。

プラド美術館には悪魔の集会やサン・イシドロの巡礼などゴヤが描いた14枚の黒い絵が展示されています。その中で「我が子を食うサターン」はギリシャ神話に登場する物語ですが、スペイン人を食べるフランス軍と言いたかったのか、身体が女性のようにも見えるので、もしかして、女を食い物にする男を意味しているのかも知れません。

カルロス4世の家族

1800年にゴヤがベラスケスのラス・メニーナスに対抗して描いた作品で、ベラスケスと同じように絵の左側に自分を登場させています。

家族は左から、カルロス・マリア王子、フェルナンド王子（後のフェルナンド7世）、ドニャ・マリア（王の姉）、フェルナンドのいいなずけ、マリア・イサベル王女、マリア・ルイサ王妃、フランシスコ王子、国王カルロス4世、ドン・アントニオ（王の弟）、カロリナ王女、ドン・ルイス（マリア・ルイサ王女の婿）、カルロス・ルイス（赤ん坊）、マリア・ルイサ王女です。この中で、フェルナンド王子のいいなずけだけが横を向き顔

がはっきり描かれてないのは、まだ彼女が正式に家族になっていなかったからです。

　登場人物は3つのブロックに分けられ中央のブロックには王妃と二人の子供が描かれていて、ゴヤは光を王妃に当て衣装まで輝かせています。ベラスケスのラス・メニーナスではマルガリータ王女を中心に描かれていますが、ゴヤは王妃の顔の向きや腕の置き方を王女と同じようにしています。また王より高い位置に頭を置くことで、明らかに王妃を絵の主役にしているのは、ゴヤが王妃を真の権力者とみなしていたからでしょう。

　実際に、カルロス4世は公務はこなさず狩りばかりに夢中になっていたようで、国を統治していたのはマリア・ルイサ王妃と宰相のマヌエル・ゴドイです。

　王妃とゴドイは愛人関係であったという噂があり、フランシスコ王子は二人の間に生まれたこどもだという説もありますが真意のほどは分かりません。

ソフィア王妃芸術センター

　1992年はスペインにとってイベントづくしの年で、バルセローナ・オリンピックとセビリア万博が開催された年です。そして、ティッセン美術館とソフィア王妃芸術センターの2つの美術館もこの年にオープンしました。

　ソフィア王妃芸術センターの建物は18世紀に建設されたサン・カルロ病院のもので、すでに19世紀末から近代美術館になっていました。

　オープン当時はピカソのゲルニカが展示され話題を集めましたが、ゲルニカ以外の展示物は乏しかったという記憶があります。今は当時と比べて展示物はかなり充実しています。

　展示されている作品は20世紀以降のもので、メインとなる絵画の画家はピカソ、ミロ、ダリですが、彼らの作品以外に

もブラックやグリスなどの絵も展示されています。

その中でも、美術館を訪れる目的がゲルニカの鑑賞になると思うので紹介します。

ゲルニカ

1937年のパリ万博の正面サロンに展示されたピカソの大作で、市民戦争時に行われたドイツ空軍によるゲルニカ爆撃をテーマにした作品です。

共和国政府は絵の依頼をするにあたって、費用があまりかからず、かつ世界的に名の通った画家を探していました。そこで、当時パリで活動中で、共和国派のピカソがぴったりと当てはまった訳です。

依頼を受けたものの創作テーマについて悩んでいたピカソにゲルニカ爆撃のニュースが届きます。

4月26日、軍事基地もない人口5,000人のゲルニカの街がフランコを援助するドイツのコンドル軍団により無差別爆撃が行われ、非戦闘員である一般市民が殺傷されたという事件は、反フランコのピカソにとって、反乱軍の残忍さを世界に知らせるのにこれ以上にないテーマだったのです。

絵には爆撃によって屋根に開いた穴、中

に電球が描かれています。これは言葉の遊びのようで、スペイン語で爆弾はボンバ、電球はボンビーリャ、これは小さな爆弾という意味にとれます。

登場人物に3人の女性を描いています。右端の両手を上げた女性は恐怖で慌て慄き、左端には死んだ子供を抱き嘆き悲しむ女性は、それぞれ恐怖と失望を表しています。二人の女性と対照的に、中央にいる、爆撃で穴の開いた屋根からは差し込む光が当たっている凛々しい顔の女性は希望の表現でしょう。

ピカソは絵について説明を一切しなかったので真意は分かりませんが、牛は暴力、すなわちフランコ軍であると解釈する一方で、共和国軍の勇気を現していると意見もあります。

隣の部屋に下絵が展示されていて、それによると最初ピカソは色をつけるつもりでいたようですが最終的に白黒にしたようです。

ゲルニカが展示されているサロンの反対側の壁にはピカソの5人目の愛人だったドラ・マールが製作中に撮った写真が展示されていて、製作中に絵が変わっていくのが分かります。

ゲルニカ

©ソフィア王妃芸術センター

1939年に市民戦争はフランコ軍の勝利で終了しますが、スペインが共和国に戻り自由になるまではスペインには返還しないというピカソの意思に沿って、世界各国で展示された後にニューヨーク近代美術館に展示されていました。その時に、恐らくフランコを信奉すると思われる何者かによって絵は赤いスプレーで落書きされるという事件が起きますが、運よくその事件が起こる1ヶ月前に、絵にニスを塗ってあったので洗い落とすことが出来ました。

1975年にフランコが亡くなり、1981年にピカソの絵画はスペインに返還され、プラド美術館別館のブエン・レティロ宮に展示されていました。政治的に意味を持つ絵画の展示だったので、薄暗い展示室には市民警察が警備し、防弾ガラスに守られたゲルニカの絵は、明るい展示室に飾られている今と違って重々しさを感じたものです。

マドリード王宮

マドリード王宮

イスラム統治下であった9世紀、コルド
バ王朝のモハメッド1世によって、トレド
防御の為にマドリードに出城が建設された
のが最初の城塞です。

カスティーリャ王国のアルフォンソ6
世がマドリードを奪回すると、城砦はカス
ティーリャ王の宮殿になります。

王位継承戦争終了後、王室はハプスブル
グからブルボンに変わりましたが王宮とし
て継続されました。

1734年に起きた火災により王宮が全焼
したので新たな王宮建設が始められます
が、ブルボン王朝初代国王のフェリッペ5
世は、それまでの質素なハプスブルグ王朝
とは対照的に、他の国の王達が見て驚くよ
うな豪華な宮殿の建設を命じます。建築

家にイタリアからユバラが招集されると
1738年に工事が始まりました。

ただし、フェリッペ5世は1746年に王
宮の完成を見ることなく亡くなり、新しい
王宮に入居した最初の王はカルロス3世で
した。王宮は20世紀のアルフォンソ13世
まで王家の住居として使用されましたが、
その間、歴代の王により拡張され、それぞ
れの時代で違った様式の部屋が建設されて
います。現在は大小合わせて約3,000の部
屋があり一部が見学可能です。見学のルー
トにそった主な部屋を紹介します。

大階段

イタリア人建築家サバティーニが手掛け
ています。階段に使用した一枚板の大理石

の長さは5メートルという大きなもので、歩いて上りやすいように蹴上げ高は低く設計されています。70段の階段の途中に造られた踊り場にはスペイン王家の紋章と、手すりに大理石の二頭のライオンが付けられています。天井画はイタリア人画家カラド・ジャキントによって描かれたものです。

階段を登りきって宮殿内に入ると最初の部屋が衛兵の間です。名前の通り衛兵が待機していた部屋で、壁画にはローマ神話の軍神マルスが描かれています。

列柱の間

宮殿内で最も広い部屋で名前の通り壁は列柱で装飾されています。現在でも、この部屋は重要な式典に使用され、1975年にフランコ総裁が亡くなった時も告別式が行われました。その他にも、1991年の平和会議やEURO参加の式典、前国王フアン・カルロス1世の退位式の時もこの部屋が使用されています。

ガスパリーニの間

イタリアの建築家ガスパリーニが部屋のデザインを担当しています。当時の、18世紀中旬はロココ様式が流行った時代で部屋の装飾に用いていますが、東洋、特に中国風の装飾が用いられています。カルロス3世はこの部屋で着替えをしてから式典が行われる列柱の間に入ったようです。

王位の間

カルロス3世の王位の間には2つの玉座の横に金箔された4頭のライオンが置かれています。何でもこのライオンは、画家ベラスケスが二度目のイタリア旅行の時に、火災で焼けた前王宮の部屋に飾る為に購入したものだそうです。壁紙には赤いビロードを使用し、縁飾りには金でメッキされた銀糸で刺繍がほどこされています。天井画はイタリア人画家ティオポロによって描かれたものです。

陶器の間

使用されている陶器は王立陶器工場で焼かれたもので、モチーフはバッカス（ギリシャ神話ではディオニソス）。バッカスは酒の神なので葡萄の葉をモチーフにしています。

す。天井から吊り下げられた14のシャンデリアには1,000個の電球が使用されています。

3つの天井画はそれぞれ、ローマ神話のオーロラ (メングス作)、新大陸についてイサベル女王に報告するコロンブス (アントニオ・ゴンサレス作)、グラナダの開城 (バイウー作)、尚バイウーはゴヤの師匠で、ゴヤはバイウーの妹のホセファと結婚しています。

これらの部屋を見学した後は食器やストラディバリウスのバイオリンなど王室コレクションの展示物が見学できます。

ダイニングルーム

晩餐会に使用するダイニングルームはアルフォンソ12世時代のもので、現在でも国賓をもてなす晩餐会に使用しています。細長いテーブルは伸縮が可能になっていて、最高140人が食事をすることができま

マヨール広場

マドリード観光の中心と言ってもよい広場で、太陽の門広場 (ソル) や王宮から近いので是非見学していただきたいお勧めの観光スポットです。

15世紀のマドリードには広場のすぐ側に城壁が造られていて、後にマヨール広場になる場所は城壁外にありました。その当時の広場は今の広場より小さく傾斜があ

り、形も今のような長方形ではありません
でした。

　周囲には、間口が店で2階が住居という
木造の家が建ち並んでいたようで、どの家
もみすぼらしく、住民の多くがユダヤ人
だったようです。広場には食べ物を売るスタンドが建ち並び一種の露天市を形成していました。その当時はアバスカル広場と呼ばれていて、市の役人は広場で商いをする者から税を徴収していたようです。

　1561年に国王フェリッペ2世が首都をトレドからマドリードに移すと、王は街の美化に力を入れ始め広場も対象になりました。その時に名前がマヨール広場に改められています。

　1598年にフェリッペ3世が戴冠すると、傾斜がない長方形の石造りの広場の建設を命じ、広場に住んでいた住民を強制的に撤去させています。

　工事は1617年に始められ1620年に完成すると、マドリードの祭日、サン・イシドロ祭の5月15日にセレモニーが行われました。

　マヨール広場ではあらゆる行事や祭典が催され、闘牛やクリスマスの市場などに使われましたが、処刑執行の場所としても使用されています。

　1790年大火災で広場の東部分が崩れ落ち、完全に修復が完了するまで半世紀以上も待たねばなりませんでした。ゴヤが活躍した時代は、広場はまだ壊れた状態だったはずで、確かに、ゴヤが描いた広場の絵を

サン・イシドロ祭

クリスマスの市場

見たことがありません。広場が復旧したのはゴヤが亡くなって26年後の1854年です。

　1871年にイベリア半島最初の路面電車が太陽の門広場(ソル)からセラノ通りまで開通します。6年後の1877年に、マヨール広場からマドリード南部レガネス地区までの新しい路線が開通すると広場は路面電車の駅になります。もし広場のテラスでお茶を飲む機会があれば電車のターミナルだった時代を想像してみて下さい。

　1874年に第一共和国が誕生すると名前が共和国広場に変えられましたが、僅か2年で王政が復活し、再び名前は元のマヨール広場に戻り、共和国時代に撤去された

フェリッペ3世の騎馬像

フェリッペ3世の騎馬像も再び広場に戻されました。ところが、再び共和国になると、今度は銅像の馬の口に爆弾が投げ込まれて騎馬像は爆破されます。後に新しい騎馬像が建てられましたが、新しい騎馬像の馬の口は現在のように閉じられています。

春から秋にかけて天気が良い日には数件あるカフェのテラスは観光客で賑わい、特に昼食の時間は席の確保が難しくなります。また観光客を相手にパフォーマンスも集まり、それらは透明人間、山羊男、スパイダーマンなどで見ていると楽しいです。ただし写真を撮ったらチップをあげてください。

マヨール広場の隣にはサン・ミゲール市場があります。広場が造られる前は露天市を出していましたが、完成後に市が許可を出さなかったので広場に隣接する空き地で市をしたのが始まりです。

サン・ミゲール市場

マヨール広場のパフォーマンス

マドリードで食べる

マドリード独特の料理とはいったい何でしょうか？と聞かれても正直答えることが出来ません。

「コシード」、確かに、どのガイドブックにもマドリードの料理としてコシードが紹介されています。否定はしませんが、コシードはスペイン中何処にでもある煮込み料理で決してマドリードが発祥ではありません。

他の都市と比べるとマドリードは歴史的に新しい街で、16世紀にフェリッペ2世がマドリードを首都にすると地方から出稼ぎ人が集まって来ました。その人達により彼らの故郷の料理がマドリードに紹介されます。

コシードもその一つだと思いますが、同じような料理はマドリードにもあった事も否定できないので、ここではマドリード料理にしておきましょう。他にもマドリードの料理には内臓や豚の耳を使う料理がありますが、どれも労働者階級の食べ物のようです。

いまでこそ交通機関が発達し、マドリードでは新鮮な魚介類ドが食べられますが、海のないマドリードでは、かつては食材が限られ、貴族は肉を食べ、労働者階級者はその残りを食べたのではないでしょうか。

コシード

コシド・マドリレニョ
(COCIDO MADRILEÑO)

チキンや豚のばら肉、腸詰、血のソーセージなどをタップリのエジプト豆、大き目に切った人参、キャベツ、ポテトなどの野菜と一緒に煮込んだ料理です。夜に食べると胃にもたれるので昼食時にワインと一緒に食べることをお勧めします。ソル近くにコシードで有名なラルディという店があります。歴史がある店で内装の高級感からコシードを出すレストランとは思えませんがちゃんとしたコシードを出してくれます。

カジョス (CALLOS)

コシード同様に庶民の料理で仔牛の胃袋を腸詰と一緒に煮込んだ料理です。高級レストランでは食べられないですが、定食を出すバール兼レストランで食べられる店があります。

ソパ・デ・アホ (SOPA DE AJO)

ニンニク、パン、卵を使ったスープでニンニクスープとも言います。冬の寒い日に食べると最高に美味しく身体が温まります。本来、このスープはマドリード北部に位置するカスティーリャ・イ・レオン州のセゴビア県の料理です。

タパス

マドリードのタパスバーをはしごするのは楽しいです。伝統的な雰囲気の店、モダンな店、得意のタパスを持つ店など毎日食べ歩いても飽きません。

旧市街ではサン・ミゲール市場があるカバ・デ・サン・ミゲール通には、18世紀に義賊の隠れ家だった洞窟を改装した店が何軒か並んでいます。その中で観光客に人気があるのは「チャンピニオン」で、その名の通り名物はマッシュルームの傘に刻んだ生ハムを詰めて鉄板で炒めたタパスを提供してくれます。その他にもスペインオムレツが名物の店、トルティーリャも老舗ですが一人や二人ではオムレツの量が多すぎて次

チャンピニオン

の店に行けなくなってしまうのが欠点。

カバ・バハ通りは地元でも人気がある通りで古いマドリードの家並みの通りです。サンタ・アナ広場周辺にも沢山の店で賑わい、広場の近くにあるアルバレス・ガト通りにはタイル装飾が美しく雰囲気がある店が何軒かあります。

新市街では地下鉄BILBAO駅周辺は地元の若者で賑わいます。

オレハ・アラ・プランチャ (OREJAS ALA PLANCHA)

ニンニクとローリエと一緒に茹でた豚の耳を小さく刻み、ニンニク、玉ねぎと鉄板で炒めた料理でおつまみに最高。そのまま食べてもいいですが、ニンニクとパプリカを使ったソースをかける食べ方もあります。

ガジネハス (GALLINEJAS)

羊の腸をオリーブオイルで揚げた料理で5月15日のサン・イシドロ祭の時にスタンドで売られる料理です。

マドリードのワイン

一般的にあまり知られていませんがマドリードでもワインが作られています。ただ、リベラ・デ・ドゥエロやリオハに比べると洗練さにかけ、ワイン好きな人なら、やはりリオハやリベラを選び、コストパフォーマンスではラマンチャに負けるのでスーパーにはあまり並んでいません。

数十年前まで、他のワインを20%混ぜても良いというルールがあった頃は、マドリードのワインは外国を含む他の生産地に輸出されていましたが、それができない今はマドリードの原産地呼称で勝負するしかなく、最近は質を高めることに努力をしています。

それでも12世紀のマドリードでは、すでにワインは生産されていて、マドリードが首都になった16世紀に生産量が一気に増えると、20世紀初頭には葡萄畑の面積が6万ヘクタールに達しています。

ところが1914年にフィロキセラというブドウネアブラムシによりマドリードの葡萄畑も打撃を受けると葡萄の生産を諦める農家が始めたところに、1936年に始まった市民戦争の影響で生産者の数が大幅に減ってしまいました。

近年になると、マドリードの近郊にあった畑は住宅地に変わってしまい、現在の葡萄畑は1万ヘクタールほどしかありま

せん。

　葡萄の生産地は4ヶ所ですが全て街から
かなり遠くにあります。それらは、サン・マ
ルティン・デ・バルデイグレシアス、アル
ガンダ、ナバルカルネロ、エル・モラールで
す。エル・モラールはマドリード北部にあ
り原産地呼称マドリードに加入したのは最
近です。

　葡萄の種類は、主として赤ワイン用には
ガルナッチャとテンプラニーリョ、白には
マルバール、アルビージョが栽培されてい
ますが、最近はカベルネ・ソビニョン、シ
ラーなどフランス種も植え始めています。
近い将来をお楽しみに。

バスク地方

独自の文化を
持つ地域

　バスク地方は海岸線から山が聳え立つ山岳地帯で、かつては敵から攻められると人々は山の中に隠れて抵抗していました。バスク人は未だかつて何処からも支配されたことがないという歴史に誇りを持っています。

　彼らは特殊な民族で、彼らが話すバスク語と同様に何処から来たのか分かっていません。言語は、ヨーロッパで話されているインド・ヨーロッパ語源の言葉ではなく、その以前からあった言葉のようです。また、世界的にRHマイナス型の血液を持つ人が多い地域です。

　バスク地方は正式にはバスク国という州で、ビルバオを中心に鉄鋼業で栄えたビスカヤ、フランス国境に接し避暑地で有名なサン・セバスチャンを県庁所在地とするギプスコア、そしてもう一つは唯一海を持たないアラバの3県で構成されています。

　バスク地方以外でも、牛追い祭りで有名なパンプローナを州都とするナバラ地方も民族的にはバスクに属します。

サン・セバスチャン

　避暑地のサン・セバスチャンは5月から9月の夏場になると観光客の数が増えホテルの予約が難しくなります。

　観光の中心は旧市街で、キリスト像があるモンテ・ウルグルの裾に位置する、コンチャ海岸に面した小さな漁港からウルメア川にかかるクルサアル橋までが旧市街になります。

　旧市街は路地がほぼ碁盤の目のようになっているので散策中に迷うことはまずありません。18世紀に造られたコンスティトゥシオン広場を中心に歩かれると分かりやすいです。

　毎年1月20日の0時にタンボラダという祭りが開催され24時間太鼓が街中鳴り響きます。この祭りの会場が旧市街です。

　祭りの起源ははっきりしていませんが、カーニバルの時に一団が小太鼓を叩きながらコミカルに行進したのが始まりではないかと言われていて、イギリス軍に追いやられたフランス軍が鳴らす太鼓を道化的にまねしたのかも知れません。1836年からはそれが正式な祭りになったようです。

　参加グループは100を超え、小太鼓、小さな樽、そして鍋を叩きながら行進します。衣装はフランス軍の軍服とコック服でグループ別に制服は統一されています。

　コック服を着るようになったのは、1881年に市役所が下記に紹介しますソシエダに太鼓と服を贈ったことがきっかけのようです。本来は男性の祭りでしたが1980年から女性も参加出来るようになりました。

　この街にはソシエダと呼ばれる、日本では美食クラブと訳されている会員制のクラブがあります。会員は各自材料を持ち込みクラブ内のキッチンで料理をし、それを食べながら仲間と会話を楽しむという、言わば会員制の集会場のようなものです。かつては男性しか入る事が出来ませんでしたが、最近は女性も入れるクラブも出来ています。

　急激に発展した19世紀のサン・セバスチャンに農村から多くの出稼ぎ人がやって来ました。彼らが気晴らしに、街のシードロ（りんご酒）の居酒屋に集まって話をしたのが始まりらしく、それが流行り始めると自宅を改装した集会場があちこちに出来、それをソシエダと呼んだそうです。

　食料や飲み物を持参するのは、当時、一人当たりの負担を少なくする為にそういう

風にしたのが始まりですが、そのシステムが現在も受け継がれています。男性しか入会できない理由にしたのは、一説によると、たまには奥さんから解放されたい為にそういうルールを作ったと聞いたことがあります。

　現在サン・セバスチャンには200以上のソシエダがあり、他のバスクや地方以外にも存在し、スペイン以外に南米にもできているようです。

アヒージョ

ピンチョス（タパス）

ピンチョス（タパス）のバール

サン・セバスチャンで観る

モンテ・イグェルド

　モンテ・イグェルドはコンチャ湾を望む海抜180メートルの山で、展望台から望むコンチャ湾の眺望は美しく写真スポットです。モンテ・イグェルドの裾にあるオンダレタのビーチ近くからケーブルカーで出ているのでそれを使うと便利です。頂上は遊園地になっています。

モンテ・イグェルドから望むコンチャ湾

コンチャ海岸とサンタ・クララ島

　旧市街からミラマール宮殿まで1,300メートルほどがコンチャ海岸というビーチです。普段は静かな海岸で気持ちがよい散歩コースですが、それが夏場になると海水浴客でいっぱいになり昼間のビーチは散歩など出来ない状態になります。歩道の下に更衣室が並んでいるのが海岸に降りてみると分かります。

　カンタブリア海からコンチャ湾に入る入口にサンタ・クララ島のいう小さな島があります。島が防波堤の役割をしているお蔭で海岸に大きな波が押し寄せることはあり

ません。かつては陸続きであったようで、潮が引いた時にモンテ・イグェルドの展望台から見るとそれが分かります。

　島までは、旧市街の漁港からボートが出ていて、夏場は島の小さなビーチに海水浴に行く人もいます。一軒バールがありホットドッグなど簡単な食事は可能です。

　16世紀にペストが流行した時には感染者を島に移して隔離させたという話が残っています。夜になって海岸から見るサンタ・クララ島のライトアップは綺麗です。

コンチャ海岸

大聖堂

　19世紀にブエン・パストール教会として建てられましたが20世紀に大聖堂に格上げされています。教会を建て始めた時にウルメア川が氾濫したので水を抜き取る作業から始めなければなりませんでした。

　ニューゴシック様式の教会の塔は高さ75メートルあり、周囲には高い建築物がないので街を歩いていて目立ちます。

　内部の装飾はシンプルで、他の大聖堂のように祭壇の外を回る周歩廊はありません。モダンなデザインのステンドグラスから入る光のお蔭で教会内は明るい感じがします。

サン・セバスチャンで食べる

グルメ

サン・セバスチャンにはミシュランの3星レストランが3軒ありますが、この数は、現在スペインの3星レストランの数が11なので、そのうちの4分の1がサン・セバスチャンにあることになります。それもあってスペインでは、サン・セバスチャンはグルメの街として有名です。3星レストランは、老舗のアルザックを筆頭に、マルティン・ベラサテギ、アケラレ、ですがサン・セバスチャン市内にあるのはアルザックのみで、他の2軒の店は郊外になります。3星レストランで食事をする目的の為にサン・セバスチャンを訪れる方は、特に夏場は早めに予約されることをお勧めします。

3星レストラン　アルザックのグルメ

ギプスコア県の料理

16世紀のサン・セバスチャンは鯨漁が盛んで、カンタブリア海に小舟を漕ぎ出して鯨に銛を打ち込むという方法の捕鯨が盛んでした。一説では捕鯨技術を伝えたの

は9世紀にやって来たバイキングだそうですが、その可能性は十分ありそうです。その時代のバスク地方は捕鯨で栄えていましたが、17世紀になるとイギリスとオランダが大型船による捕鯨を始めた為バスクの捕鯨業は衰え、漁業の主体はタラ漁に移って行きました。タラ以外にもカツオやメルルーサ、ウナギなどが獲れるのでギプスコア料理にはこれらの魚が良く使われます。

メルルーサのグリーンソース (MERLUZA EN SALSA VERDE)

スペイン語ではサルサ・ベルデという、直訳すればグリーンソースになりますが、決して緑色をしている訳ではありません。パセリを刻んで使用するのでパセリの緑から名前が来ているのかも知れません。

ソースはオイルがたっぷり入った鍋でニンニクと玉ねぎを焦がさないように弱火で炒めます。それに魚のだし汁と白ワインを加え、更にとろみをつける為に小麦粉を加えますが、固まらないように混ぜながら作ります。仕上げにパセリを刻んで入れます。

出来上がったソースにメルルーサとアサリを入れて弱火で煮ますが、この時に鍋を常に回しながら煮るのがコツで、最後に白アスパラを加えます。バスク地方では専用の器具が売られていて、人の代わりに器具が回し続けてくれます。

マルミタコ (MARMITAKO)

カツオや大西洋マグロをトマトで煮た料理です。大西洋からカツオがカンタブリア海にやって来るのは通常6月から9月で、その時期になると漁師たちはカツオ漁で忙しくなります。

捕獲されたカツオは角切りにし、細かく刻んだニンニク、玉ネギ、トマト、赤ピーマン、それに大き目に切ったポテトと一緒に煮ます。味付けには塩コショウ以外にパプリカを使用します。

イカの墨煮 (CHIPIRONES EN SU TINTA)

使用するイカは通常ホタルイカです。

ソースは玉ねぎとニンニクがベースで、それに白ワインを加えます。ソースには玉ネギの甘味があり、付け添えのライスと一緒に食べても美味しいです。

ビダソア川を挟んでフランスとの国境の街オンダリビアで食べたイカ墨は美味しかった。

メルルーサのグリーンソース

タラのグリーンソース

ピンチョス（タパス）のバール

ピンチョス（タパス）

　夜のタパス巡りは楽しく、旧市街のコンスティトゥシオン広場の周囲にタパスのバールが集まっています。

　バスク地方ではタパスと言わないでピンチョスと呼ぶのが一般的です。ピンチョとは串という意味で複数形がピンチョスで、カナッペを含め、カウンターに置かれたピンチョスには爪楊枝がささっています。その中で、グリーンチリとアンチョビを串に刺したヒルダスと呼ばれるピンチョはバスク地方の典型的なピンチョスです。かつては店に入ると空の皿が渡され、客は好きなピンチョスを勝手に取り、食べ終えると楊枝の数の代金を支払うシステムでした。ところが、数を誤魔化す客が増えこのシステムは残念ながらなくなってしまいました。

　旧市街でお勧めはガンバラ（GANBARA）というバールでコンスティトゥシオン広場を出たサン・ヘロニモ通りにあります。カウンターに盛りだくさんのピンチョスが並んでいて、ピンチョス以外にも、積み上げられたキノコもお勧めで、注文するとその場で焼いてくれます。

　旧市街を出た後にはウルメア川を渡り新市街のグロス地区に行くと新しいピンチョスの店が集まっていて地元では人気があります。

ビルバオ

Bilbao

　かつてビルバオは鉄鋼と造船で栄えた工業都市で、90年代までに訪れたことがある人なら薄汚かった街のイメージを持っているはずです。スモッグですすけた時代のビルバオは見物する場所がほとんどありませんでした。

　産業が落ち込むと、ビルバオは工業都市からの脱皮を図り、市は街の美化に取り込み観光に力を入れました。その核になったのがグッゲンハイム美術館です。

　美術館は1997年10月にオープンすると後徐々に世界中に注目を浴び始め観光の目玉になりビルバオを訪れる人が増えました。

　ビルバオ川沿いにあった、工場跡やドッグは撤去されて今では散歩のコースになっています。当時の市長は先見の明があったとつくづく感心させられます。

　旧市街も今は観光ルートになっていて、ヌエバ広場を中心に古い通りが集まり大聖堂も旧市街にあります。モユア広場からグランビア通りを真っ直ぐ歩いてアレナル橋を渡ると旧市街で、グッゲンハイム美術館からも歩いて行ける距離です。川沿いにはリベラ市場と旧劇場が建っています。橋の手前にはアバンド駅があり構内はステンドグラスの装飾が見事です。

アバンド駅

グッゲンハイム美術館

ビルバオで観る

グッゲンハイム美術館

1997年10月18日、予定より1ヶ月遅れでオープンしました。建築家はカナダのフランク・ゲーリーで、チェコのダンシングハウスのように、美術館も歪んだ建築物です。

入口の広場には高さ12メートルの犬の像（パッピー）があり38,000本の色様々な花で装飾された美しい像です。半年に一度衣装替えをするようですが、美術館同様に人気があります。

犬の像（パッピー）

アバンド駅

150年以上の歴史を持つアバンド駅はビルバオの中央駅で、近郊電車とマドリードからの長距離列車が到着します。

アールヌーボーの建物の中に入ると広いホールの正面に巨大なステンドグラスが現れ驚かされます。テーマはビスカヤ県の産業や民族そして建築物。中央左の白い衣装の4人の男性はバスクの球技、ペロタをする若者達です。

アバンド駅のステンドグラス

アルチャンダ展望台

展望台に行くには川を渡ったフニクラール広場からケーブルカーが15分置きに出ています。展望台からはビルバオ川を隔てて市街を一望することができ、そこから見るとビルバオの街のつくりがよくわかります。

ビスカヤ橋

ネルビオン川河口の両岸にあるポルトゥガレーテとゲチョという二つの地区に、アルベルト・パラシオとフェルディナンド・アルノダンの二人の建築家が建設した鉄の運搬橋で完成したのが1893年です。

橋を架けるにあたり、河口から10キロ川を遡った工業都市のビルバオまで頻繁に船が往来する為、船の進行を妨げない橋の建設が必要でした。問題は、住宅地である両地区には橋桁までのスロープを建設する土地がなく、まして船が通れる高さにするとかなりの長さのスロープが必要であることでした。

そこで、問題を解決する方法としてアルベルト・パラシオが考案したのが運搬橋です。それは、両河岸に高さ61メートルの橋桁を建て、45メートルの高さに架けた160メートルの橋架から6本のワイヤーで吊られたゴンドラが川を渡るという画期的なアイデアでした。

ゴンドラの左右に設置された乗客室には200人収容でき、中央に6台の乗用車と6台の二輪車を乗せて運ぶことが可能です。

現在、世界に8本の運搬橋がありますがビスカヤ橋はその中で最も古い橋で、2006年に世界遺産に認定されています。

ビルバオで食べる

ビスカヤ県の料理

ビスカヤ県もギスコア県で食べる料理に差はありませんが、しいて言えば、ビスカヤの方がギプスコアの人よりウナギを多く使用するかも知れません。

タラのビスカヤ風ソース (BACALAO A LA VIZCAINA)

ニンニクのスライスと一緒に油でコンフィのようにタラを弱火で煮て火が通ったらタラを取り出します。同じ鍋でスライスしたオニオンとパプリカでソースを作ります。ソースが出来たらタラを鍋に戻して煮た料理です。ソースを作る時にブランディを少し入れるようです。

良いレストランでは生のタラを使いますが、安い店の場合、塩抜きした干ダラを使用する場合があります

タラのアヒージョ (BACALAO AL AJILLO)

元々アヒージョにはタラか海老もしくはウナギの稚魚を使っていたようで、これらの材料を使用するアヒージョはバスク料理です。

作り方は簡単で素焼きの小さな底浅鍋でタップリのオリーブオイルに唐辛子を入れて温まったらニンニクを除けタラを入れ温める。その時鍋を回し続けるのがコツで、それによってタラのゼラチンでとろみが出ます。

ウナギの稚魚 (ANGULAS AL PIL PIL)

ピルピルとはアヒージョのことです。時期は11月から3月ぐらいまでの冬場の料理です。作り方はタラのアヒージョとほぼ同じで稚魚をオイルで温める料理。食べるときは金属のフォークでは熱いので木のフォークを使用します。最近は稚魚で食べずに大きくして食べるように奨励されているので高級レストランにでも行かない限り中々食べることはできません。観光客が多く行く店では、タラのすり身で稚魚そっくりに作ったものを使用ししています。

タパス

サン・セバスチャン同様ピンチョスと呼びます。店に並んでいるピンチョにあまり変わりはありません。

旧市街のヌエバ広場に行くと周辺にピンチョスの店が集まっています。新市街は旧市街ほど多くはありませんがオシャレな店が多く、例えばコロン・デ・ラリアテギ通り周辺に行けばすぐに見つかります。

ピンチョス

バスク地方のワイン

チャコリ

微発泡性ワインのチャコリはバスクを代表するワインと言っても間違いないでしょう。ゲタリア (ギプスコア県)、ビスカヤ (ビスカヤ県)、アラバ (アラバ県) で生産され95％が白ワインになります。特徴は微発砲で酸味があり、バランスよい苦味を伴い、フルーティーな香りがあることで、度数は10％前後と通常のワインより低いことです。保存期間は長くないので翌年のワインが出るまでに飲んでしまうのが一般的です。

9世紀にはアラバで作られていたことが分かっていますが、アラバ以外でも作られていたようです。20世紀中旬まで、チャコリは主に自分の家で消費する為に作っていた傾向がありましたが、1989年にゲタリアとアラバが、1994年にビスカヤが原産地呼称に指定されると品質向上に力を入れ、同時に生産量を大幅に増やしています。それに伴い葡萄畑の面積も増えています。

年間の生産量はアラバが350万本、ゲタリアが220万本、ビスカヤが170万本

です。

　葡萄の種類は白がオンダラビ・スリ、黒（赤ワイン用）がオンダラビ・ベルツァですが、ビスカヤでは新しい試みがされていて外国の葡萄も植え始められています。

　2015年スイスで開催されたワインの世界コンクールで、ビスカヤのゴルカ・イサギレ社のチャコリワイン「エル・チャコリ42」が最優秀白ワインに選ばれました。このワインは、ビルバオのミシュラン3星レストラン、アスルメンディのシェフ、エネコ・アチャに評価され、彼のレストランのメニューに紹介したことで更に知名度を上げています。

リオハ

　スペインを代表する高級ワインのリオハはスペイン国内のみならず世界的にも名前が知られています。

　名前からリオハ州のみで作られるワイ

ンのように思われがちですが、バスク地方でもリオハワインを生産しています。因みにリオハ州はバスク、ナバラ、カスティーリャ・レオンの3つの州に囲まれた約5,000㎡の小さな州で、ワインが州の重要な産業です。

　ではリオハワインのエリアは何処かと言うと、エリアは3つに分かれ、リオハ州で作られるリオハ・アルタとリオハ・バハの2つと、もう1つ、リオハ州からエブロ川を渡ったバスク地方のアラバ県で作られるリオハ・アラベサの3カ所です。その中でリオハ・バハは他の2か所より気温が高くワインの質がやや落ちます。

　リオハ・アラベサの葡萄畑の面積は13,600ヘクタールで、250のワイナリーで年間1億本のワインが生産されています。

　畑の土壌は粘土質の石灰石なので吸水がよく雨が多く降っても葡萄に影響があり

ません。また北部はカンアブリア山脈が走り、冬場の北風を防いでくれるので気温が極端に低くならず葡萄作りには最適な環境です。

主に栽培される葡萄の品種は、テンプラニーリョ、ガルナッチャ、マスエロ、グラシアノで白ワイン用にはヴィウラ種が栽培されています。

この地方ではローマ時代からワインが作られており、当時の壺や圧縮機が遺跡から発掘されています。16世紀には、すでに品質保証の為にリオハのワインにシールを貼っていて、その頃には、すでにリオハワインは知られていたようです。リオハは巡礼道の通り道なので、巡礼者による口コミもある程度宣伝効果に役立ったかも知れません。

高速道路が通った今と違い、かつては輸送機関に問題があり、港から遠く離れたリオハは港までの輸送が困難でした。18世紀末になってリオハでは葡萄収穫者組合が発足されました。組合はワインの品質向上、販売拡大を目的にした技術革新に力を入れましたが、それ以外にも、港までの道路の整備も行っています。

19世紀中旬から後半にかけてリオハワインは大きく発展します。技術的に貢献したのは、ルシアノ・ムリエタ氏（マルケス・デ・ムリエタ社の創立者）、カミロ・ウルタド・デアメサガ氏（マルケス・デ・リスカル社の創立者）がボルドーで学んだ技術を導入したことです。そしてフィロキセラにより葡萄畑が壊滅状態にあったボルドーから技術者達がリオハに移住してきたことによりリオハワインに革新をもたらしました。

もう一つは、1863年にビルバオまでの鉄道が開通したお蔭でビルバオ港までの輸送が容易になったことで、それによりフランスへの輸出が拡大されました。

絶え間ない努力により、1991年にスペインで初めてリオハワインは特選原産地呼称に指定されました。

リオハ・アラベサではワイナリー見学した後に、ラグアルディアをはじめ美しい村々に立ち寄って下さい。エルシエゴ村を見下ろす丘にはマルケス・デ・リスカル社の高級ホテルがあります。19世紀のワイナリーとは対照的な奇抜な建物は、ビルバオのグッゲンハイム美術館をデザインしたフランク・ゲーリーが設計したものです。またホテル内のミシュランの1星レストランで美味しい料理とワインを楽しむ事ができます。

ガリシア地方

聖ヤコブが眠る聖地

　ガリシアと言えば、真っ先に思いつくのはサンティアゴ巡礼街道ではないでしょうか。サンティアゴとはスペイン語で聖ヤコブのことで、巡礼者達は、カミノ・デ・サンティアゴ（サンティアゴへの道）と呼ばれる巡礼路を、聖ヤコブの墓があるサンティアゴ・デ・コンポステーラを目指して何日もかけて長い道のりを歩きます。

　巡礼路にはいくつかのルートがありますが、その中で、フランスの道と呼ばれる道が一般的に知られたルートです。フランスのサン・ジャン・ピエ・ドゥ・ポーからピレネー山脈を越えてスペインに入ると、壁や石に描かれた黄色いペンキの矢印に従ってサンティアゴ・デ・コンポステーラまで約750キロの道をひたすら歩きます。考えただけで宗教とはすごいパワーだとつくづく感じさせられます。

　ガリシア州はコルーニャ県、ポンテベドラ県、ルゴ県そしてオレンセ県の4つの県からなりサンティアゴ・デ・コンポステーラはコルーニャ県に属します。コルーニャ県の県庁所在地ではありませんが、ガリシア州の州都になっています。

　人口は約10万人で、その中の30％が学生で、いわゆる大学都市ですが、聖ヤコブの棺置かれた大聖堂がある聖地なので門前町とも言えるでしょう。

サンティアゴ

パドロン

伝説によると、イエスの12使徒の一人であったヤコブがエルサレムで殉死すると、弟子達がヤコブの遺体を舟に乗せ風任せで航海し着いた所がガリシアのイリア・フラビアだそうです。イリア・フラビアはリアス式海岸の入り江で現在のパドロンにあたり聖ヤコブ教会が建てられています。またパドロンはスペインでシシトウの産地として有名です。

パドロン(聖ヤコブを乗せた船が着いた場所)の教会

イリア・フラビアから聖ヤコブの遺体は内陸に運ばれて埋葬されましたが、その場所は誰も分からずにいました。ところが、813年に、星に導かれてサンティアゴ・デ・コンポステーラに着いた羊飼いが偶然に墓を発見します。そして墓があった場所に教会が建てられると人々が聖ヤコブの墓に詣でに来るようになりました。

10世紀末にはコルドバ王朝のアルマンソールの侵略により教会は被害に遭いましたが聖ヤコブの墓は無事で、イスラム教徒達が去った11世紀に新たに教会が建てられました。

聖ヤコブは、レコンキスタ時代には守護聖人になります。大聖堂の祭壇にも白馬に乗り剣を振り上げる聖ヤコブ像が置かれています。恐らく、レコンキスタの騎士達の士気を高める為に守護人に祭り上げられたと考えられますが、そのお蔭でヨーロッパ各地から騎士達も巡礼に来るようになります。

12世紀になってイスラム勢力は弱り、スペイン北部がイスラムの脅威から解放されると巡礼者の数が増えピークに達します。具体的な数は分かりませんが、その数は年間数十万と言われています。

聖ヤコブの棺

聖ヤコブ像

しかしその後、プロテスタントの聖人崇拝の禁止や政情不安などがあり巡礼者は減り、19世紀には巡礼で訪れる人はほとんどいなくなってしまいました。巡礼が再び人気になるのは20世紀中旬以降のことで、スペイン政府が観光客誘致に力を入れ始めてからです。

大聖堂があるオブラドイロ広場では、毎日、証明書を手にした巡礼者達が大聖堂をバックに記念写真を写している姿を見かけます。かつて私もその一人であったことがありますが、何日も歩いた後で、やっと終わったという感覚はありましたが、正直、それは達成感とは違った気がします。ただし、バスツアーでやって来た観光客を見ながら少し優越感のようなものを覚えたのは確かです。

現在は巡礼者と言ってもリクレーション感覚で歩く人がほとんどですが、その数は毎年増えていて年間30万以上の人がやって来ます。

一度体験した人の中には再び戻ってくる人も多くいます。恐らく彼らは、巡礼中に知り合った人との会話、それは現実とは違う損得勘定がなく、同じも目的を持った人達との会話で、人間の原点に戻ることが出来る嬉しさであって、それをもう一度味いたくて戻ってくるのではないでしょうか。

ミノ・デ・サンティアゴ（サンティアゴへの道）

ミノ・デ・サンティアゴ（サンティアゴへの道）

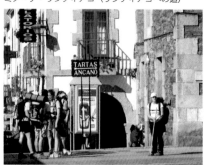

ポルトマリンの巡礼者

オブラドイロ広場（修学旅行で到着）

ガリシアで観る

サンティアゴ・デ・コンポステーラ大聖堂

聖ヤコブの墓が発見された後にレオン王国のアルフォンソ2世がロマネスク様式の教会を建てますが、997年にコルドバ王朝のアルマンソールによって教会は破壊されます。

新しい教会の建設が1075年に始まり1211年に完成します。建設当初の様式はロマネスクでしたが、100年以上の工事期間に様式が変えられ、完成した時にはロマネスクとゴシックが混ざった教会になっていました。縦97メートル、横66メートルのラテン十字の教会で当時としてはかなり大きな教会だったようです。

完成後も、18世紀まで改築が続けられ、その間それぞれの時代で流行った様式を用いたので、最終的に、回廊はルネッサンス様式、オブラドイロ広場の正面のファサードと祭壇はバロック様式という教会になっています。

サンティアゴ・デ・コンポステーラ大聖堂

サンティアゴ

オブラドイロ広場から教会の中に入るとロマネスク様式の栄光の門があります。13世紀に完成した時には大聖堂の正門のファサードでしたが、18世紀に大聖堂が拡張されバロック様式の新しい門が造られ、栄光の門は聖堂の内門になりました。現存する大聖堂で唯一残されたロマネスク様式の建築物です。

オブラドイロ広場

栄光の門には３つのアーチがあり、中央の最も大きなアーチを支える左右の太い柱の周囲に並んだ小さな円柱の上に聖人達の彫刻が刻まれています。向かって左側はモーゼやダビデなど旧約聖書に登場する人物で、その中でダニエルが微笑んでいます。右側の柱にはイエスの12使徒が並び、ペテロとパウロの隣で、ヤコブとヨハネの兄妹が会話をしています。

タンパンの中央に置かれたイエスの左右に４人の福音史家と天使が並び、アーチの部分には楽器を持った老楽師達が演奏しています。そしてイエスの足元で杖を持って立っている人物が聖ヤコブです。ヤコブの下の円柱はキリストの系図で柱頭に三位一体が刻まれています。

巡礼者達はこの柱に手を置き、頭を乗せ、そして接吻します。毎日大勢の人が触れたことにより石がすり減ってしまい、現在は透明の強化プラスチックで囲み触れなくしています。

左のアーチには天国から追放されるアダムとイブが刻まれています。右のアーチは最後の審判です。栄光の門はマテオの作品で梁に1188年という年号が刻まれています。

聖ヤコブの棺は祭壇の後方の地下に安置されています。参拝者たちは、まず、祭壇後部の階段を上って、銀の衣装で覆われた聖ヤコブ像を後ろから抱きます。その後に、階段で反対側に下りると、今度は地下への階段で聖ヤコブの棺まで行きそこで跪きます。

大聖堂では毎日12時に巡礼者の為のミサが行われ、ミサの途中に、その日到着した巡礼者の数が国別に読み上げられます。そして、ミサの最後にボタフメイロと呼ばれる巨大な香炉が振られます。高さ1,5メートル、重さ50キロの香炉が煙を撒き散らしながら天井に届くくらいまで振られるのは圧巻です。

ボタフメイロを振り始めたのは16世紀からで、現在の滑車を使ったシステムは17世紀の初めに考えられたものです。そもそ

栄光の門

ボタフメイロ

パラドールのファサード

も何故こんなことを始めたかん言うと、その時代、巡礼者達は教会で寝泊まりをしていたようで、彼らが発する臭いを消す為に考えられたと言われています。風呂にも入らず1ヶ月も歩いて到着した巡礼者が集まった匂いを想像すると分かる気がします。

大聖堂正面にあるオブラドイロ広場は、ガリシア語で仕事場という意味があります。聖堂の建設時、広場は石工達の仕事場だったのでこの名前が付けられています。

広場の周囲に立派な建物が建っていて、

大聖堂の正面は市役所と市議会、右側が国営ホテルのパラドールでどちらも18世紀の建築物です。元々、パラドールの建物は、カトリック両王が巡礼者の為に建てさせた16世紀初頭の病院でしたが18世紀に改築されています。ただしパラドールの入口のファサードは16世紀のものです。

アバスト市場

市場はサン・フィス・デ・ソロビオ教会の横にあります。

1870年初頭にサンティアゴにいくつかあった市場を一つにしたのが始まりです。1937年に市場の建物が崩れ、1941年に新しくオープンしました。御影石造りの8棟の建物が並んだ市場です。

売られる商品は棟によって分けられていて、有名なガリシアの魚介類、肉、野菜など

があります。それ以外にもガリシアのチーズやリキュールなども売られています。

近年は大手スーパーが進出してきたので、危機感を持った市場の70業者が組合を結成し、品質保証のガリシア産の魚介類や肉、野菜を直売するようにしています。それ以外にも最近はインターネットによる販売も始めています。

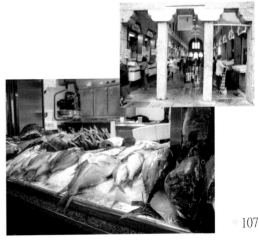

フィニステーレ

スペイン最西端の岬フィニステーレはまさに最果ての地で、岬に立つと大西洋が目の前に広がっています。かつて世界が平だと信じられていた頃は、ここが地の果てで、フィニステーレという名前が付けられました。フィニステーレとは地が終わる場所という意味があります。

サンティアゴ・デ・コンポステーラから80キロ、徒歩で3日程の行程ですが、巡礼者の中には巡礼を終えた後に、ここまで歩いてくる人もいます。

岬に到着した巡礼者が靴や衣類を燃やしたという昔からの伝統だそうで、今は岩の上にモニュメントとしてブロンズの靴が置かれています。

昔からの伝統という事ですが、私にはいささか信じられません。理由は、フィニステーレから故郷まで再び歩かなくてはなら

なかったはずで、その為には靴や衣類は必要だったと思うからです。ロマンチックではありますが、どうしても観光誘致が目的で作られた話という気がしてなりません。それでも岬まで来ると地の果てまで来たという実感がわきます。

サンティアゴからフィニステーレまでの途中にムロという港町があるので、お昼時間ならその町で魚介類を食べるとよいでしょう。港の周りに何軒かレストランがあります。

ガリシア地方を旅しているとオレオという高倉式の野菜倉庫を見かける機会が頻繁にありますが、フィニステーレに到着する前にカルノタという村があるので立ち寄ってみて下さい。その村には通常のオレオよりはるかに長い、34メートルの長さのオレオがあります。

カルノタ村の野菜倉庫

ヘラクレスの塔

　サンティアゴの北にコルーニャという街があり、そこにはヘラクレスの塔という石造りの巨大な灯台があります。

　コルーニャにやって来たローマ人達は港を造り、その後に灯台を建設しました。灯台が建てられたのは1世紀末から2世紀初旬のことです。5世紀になるとゴート人のスウェーブ族がやって来ますが、詳しく記録に残されていないので、コルーニャの街の支配はしなかったようですが灯台を破壊しています。

　9世紀から11世紀にはバイキングの襲撃が頻繁にあり、その度に街の人々は灯台があった場所に避難していました。スウェーブ族に壊された灯台は建て直さずに防御の為の城塞にしていました。

　スペインがイギリスと戦った16世紀にはイギリス軍による襲撃があり、コルー

ニャ港の入口に位置するサン・アントン島に防御の為の要塞を建設しました。その時に灯台の石材も建設の為に使われています。

　灯台が修復がされたのは18世紀末です。修復というよりも廃墟になっていた灯台の上に新たに灯台を建てたという言い方が正しいでしょう。とにかく、ローマ人の灯台よりはるかに大きな灯台が完成しました。

　当時は、夜になって灯す照明にオイルのランタンが使用されていましたが、1927年に電気が引かれました。

　高さは57メートルで、ギリシャ神話に登場するヘラクレスが退治した竜、ゲリオンの大きさをイメージさせたと言われています。ヘラクレスという名前もその逸話から取られたものです。

Torre de Hércules

マリア・ピタ広場

大聖堂

Castillo de San Antón

サン・アントン城

ガリシアで食べる

　ガリシア地方と言えば新鮮な魚介類につきます。ズワイガニ、大ハサミガニ、ネコラスカニ、ホタテ貝、ムール貝、あさり、マテ貝、牡蠣、オマール海老、タコ云々。リアス式海岸で捕れるこれらの魚介類の食べ方は、茹でる、もしくは焼いて食べるので果たして料理と言えるかどうか多少疑問がないではありませんが、要は新鮮な素材をミネラルがタップリの塩を使ってシンプルに調理する、最終的にこれが最高ではないかと、ガリシアの蟹を食べながら感じます。

　ガリシア地方に来ると、何処でも魚介類は食べられますが、個人的には、オ・グロベという港町の魚介類が新鮮で、かつ景観もよく最高の場所だと思います。ポンテベドラ県に位置する港町でポルトガル国境に近く、北部のコルーニャに比べて気候が温暖です。マドリードなど都会のレストランでは注文する前に値段が気になりますが、ここではそんな必要がないのが良いです。リアス・バイシャワインの産地なので、地元のアルバリーニョのワインと一緒に新鮮な海老や蟹をむしゃぶりつき至福のひとときを感じてください。

オ・グロベ

オ・グロベ

ガリシア地方の料理

カルド・ガリェゴ（CALDO GALLEGO）

　ガリシア地方の野菜のスープですが一見味噌汁に似ています。使用するのはポテトに豆、それにグレロというガリシアのカブの葉っぱが入ります。出汁には通常、生ハムや豚の骨などを使用します。

カルデイラダ（CALDEIRADA）

　ポルトガルにも同じような料理がありますが、ここではガリシア風ブイヤベースとしておきましょう。レストランでは、値段によっては使用する魚介類の種類は違いますが、ベースは魚介類と野菜、使用する野菜は通常はポテトとトマト、それらを煮込んだ料理です。

アロス・コン・ボガバンテ （ARROZ CON BAGAVANTE）

　パエリャというよりはリゾットと言った方が近いと思います。汁気タップリの米料理で、オマール海老をぶつ切りにして米と一緒に煮るので、注文してから30分ほど時間がかかりますが、味は日本人に合います。

113

^{B級}_{グルメ} タコ (PULPO A FEIRA)

塩ですが隠し味にほんの少しですが砂糖を加えます。タコ同様にタパスにもなります。

茹でたタコの足を輪切りにして木の皿に並べ上から塩とパプリカを振りかけたもの。中央にガリシア産の茹でたじゃがいもを乗せる場合もあります。茹でたタコは固いというイメージがあるかも知れませんが、このタコはとっても柔らかく、リベイロワインと合います。

ガリシアにはタコ専門店 (PULPERIA) があります。木の皿の大きさはいくつかありますが、他の地方よりは皿が一回り大きいです。

^{B級}_{グルメ} ガリシア風パイ

材料は細かく切った玉ねぎ、にんにく、赤ピーマン、トマトとツナの缶詰を炒めてパイ皮に包んで焼いたものです。味付けは

^{B級}_{グルメ} ペルセベス (PERCEBES)

エボシ貝の一種で高級シーフードです。荒波が押し寄せる岩にへばり付いたペルセベを漁師たちが手作業で採ります。それを塩で茹で熱いうちに食べるのが一般的で、食べ方は指の爪で皮に傷をつけて貝の皮を剥き、唇で軽く挟んで身を引っ張り出して食べます。レストランでオーダーする時は100グラム単位で注文します。

ガリシアのチーズ ケソ・テティーリャ

チーズ（QUESO TETILLA）

ケソ・テティーリャというガリシアの
チーズはオッパイという意味があります
が、確かに形がオッパイに似ています。
ガリシアは牛の放牧が盛んで、ケソ・テ
ティーリャはガリシア牛のミルクで作ら
れ、クリーミーであっさりした食感があり
ます。

シシトウ（PIMIENTOS DE PADRON）

シシトウは鉄板で炒めて食べ、日本のシ
シトウと比べるとややポッチャリした感が
あります。中にはピリっと辛いのもあり、
仲間どうしてこれをワインのツマミに食べ
ていて、辛いのに当たった人は罰ゲーム、
などスペイン人はシシトウを食べる時も楽
しみます。

パドロンはシシトウの産地で、聖ヤコブ
の遺体を乗せた舟が着いたというイリア
になります。毎年ヨーロッパを旅する私の
友人に、ヨーロッパのどこの国を旅行して
も、態々スペインに立ち寄ってシシトウを
食べにくる人がいます。

ガリシアのワイン

ガリシア州の原産地呼称ワインは、リベイロ、ヴァルデオラス、リアス・バイシャス、モンテレイ、リベイラ・サクラの5つです。

年間を通して雨が多いガリシアで生産されるワインは主に白ワインですが、メンシアという黒葡萄を使用するリベイラ・サクラでは生産量の85%が赤ワインです。またヴァルデオラスは最近注目を浴びています。

リアス・バイシャ

海岸沿いの低地で栽培されるアルバリーニョ種の葡萄で作られるリアス・バイシャの白ワインは、色が少し黄色みをしていて、フルーティーで、酸味のバランスが良いワインです。魚介類によく合うワインとして知られていて、ガリシアを代表するワインと言っても間違いではないと思います。

リベイロワイン

リベイロ

　ガリシアでワインは古くから作られていましたが原産地呼称の使用が認められたのは20世紀になってからです。その中でリベイロが1932年に最初の原産地呼称のワインに認定されています。

　葡萄畑は内陸部のオレンセ県のミーニョ川沿いの丘陵にあり、広さは約2,500ヘクタール。栽培される葡萄の種類は多く、赤ではカイニョ・ティント、フェロン、メンシアなどその他数種、白にはトゥレイシャドゥラ、トロンテス、ゴデジョなど。

　白ワインは透明でやや緑かかっていてフルーティーな香りがあります。

カスティーリャ・イ・レオン州

標準スペイン語を話す
歴史ある王国

　スペイン17州で最も広い面積を持つ州です。アストゥリア州とガリシア州の境の
カンタブリア山脈からマドリードまでの94,000キロ平米がカスティーリャ・イ・レ
オン州で、かつては旧カスティーリャ（CASTILLA LA VIEJA）と呼ばれていました。
因みに、マドリードとラ・マンチャを合わせた地域が新カスティーリャ（Castilla La
Nueva）で、新旧カスティーリャを合わせた領土がレコンキスタ時代のカスティー
リャ王国になります。

　この州のアビラ、サラマンカ、バリャドリード、そしてブルゴスの4県は標準スペイ
ン語を話す地域です。

　料理に関しては、子羊や子豚をオーブンで丸焼きに
する料理がこの州の典型的な料理になり、ニンニク
スープも郷土料理です。州北部では、セシーナという
豚の代わりに牛肉の腿を使用する生ハムを作っていま
す、ペッパーを使用しないのでビーフジャッキーのよ
うに辛みはありません。牛以外でも、かつては馬や鹿
の肉で作っていたようです。良質のワインの産地でもあり、リベラ・デル・ドゥエロの
赤ワインはスペインを代表する高級ワインの一つです。白ワインにはベルデホ種の葡
萄で作るルエダが有名です。

ブルゴス大聖堂

レオン大聖堂の
ステンドグラス

レオン大聖堂

ブルゴス

巡礼街道沿いのエレガントな街

マドリードから車で国道1号線走ってフランスに向かう時、ブルゴスは国境までの中間点になります。この道路は夏になると、フランスで働くモロッコ人移民の車がジブラルタル海峡を目指して走る道で、フランスナンバーの車で、屋根には大きな荷物を載せているので分かります。

マドリードからブルゴスまでは高速バスが便利で2時間半で到着できます。

ブルゴス近郊にアタプエルカという、今から80万年以上も前の人類の住居後があり、現在発掘作業が行われています。ブルゴスから僅か15キロの距離にあるので考古学に興味のある方は行かれてみてはどうでしょうか。

ブルゴスの先住民はアタプエルカほど古くはありませんが、城跡がある丘に先史時代の集落があったようです。

ローマ人もやって来たようで、街の北部に彼らが造った道が残っていますが、ローマの都市であったアストルガへの道造りをしただけで、彼らはブルゴスには興味を示さなかったようです。

レコンキスタ時代の9世紀末に、カスティーリャ王であったアルフォンソ3世がイスラムに対する防衛地として城塞を築き、周囲を城壁で囲みました。

スペインの北部から中央部がイスラムの脅威がなくなった1035年にブルゴスはカスティーリャ王国の首都になりますが、1085年にアルフォンソ6世がトレドを奪回すると首都はブルゴスからトレドに遷都されます。

この時代に活躍した英雄にエル・シドがいます。彼はブルゴス近郊のビバール出身の武将でイスラムからバレンシアを奪回しています。

イスラムの脅威がなくなったブルゴスは経済的に発展します。ヨーロッパから、聖ヤコブの墓を目指す巡礼者が途中で立ち寄るブルゴスに大聖堂が建設されました。

800年以上たった今でも、大聖堂付近でリュックサックを担いだ巡礼者の姿を多く見かけられます。昔も今もブルゴス大聖堂は巡礼者にとって重要な教会なのです。

それ以上に経済的発展に貢献したのが羊毛産業で14世紀、15世紀のブルゴスは商業都市として飛躍します。1337年から始まった英仏の100年戦争により羊毛が不足したヨーロッパの都市がスペインから輸入したからです。羊はメリノ種というスペイン原産で、白く良質の羊毛を生み出す羊でした。

　カスティーリャ・レオン州は今でも牧畜が盛んですが、当時は今よりはるかに重要な産業で、貿易のルート上にあったブルゴスは商人からの税の徴収で街を潤しました。しかしコロンブスの新大陸発見後に海上貿易が盛んになると、主役がセビリアに移りブルゴスの経済は衰退していきます。

　その後、街に活気を取り戻すのは19世紀まで待たなければなりませんでした。20世紀になって観光産業の重要性に気付いたブルゴスは観光に力を入れています。

ブルゴス大聖堂

ブルゴスで観る

大聖堂

　11世紀には同じ場所に、もっと小さなロマネスク様式の大聖堂が建てられていました。

　1221年に、パリに留学経験があった当時の司教ドン・マウリシオがフランスから建築家を呼び寄せてノートルダム大聖堂をモデルとしたゴシック様式の教会の建設を始め、1260年に、当時としては異例の速さで完成させています。15世紀になって大聖堂は拡張されます。正面に立つ美しい二本の塔がフランスゴシック様式で建っていますが、その時に付けられたものです。その後も大聖堂は18世紀まで増築や改装が続けられました。

　サンタ・マリア広場に面したサルメンタルの門から大聖堂に入ってすぐの天井に仕掛け時計があります。パパモスカと呼ばれる髭を生やした男性のからくり人形が毎時、口を開きながら右手で鐘をならします。当然12時が人形の口が開く回数が多く、鐘を打ちながら12回口を開け閉めします。

　13世紀には正面のファサードに時計が付けられていましたが壊れてそのまま放置されていました。16世紀になって修理をすることになりましたが、最終的に修理は

せずに、新たに聖堂内にからくり人形の時計を設置することにしました。それが最初の仕掛け時計で、現在のパパモスカは18世紀に付けられた二代目です。

　聖歌隊席近くの床に、RODERICUS DIDACI CAMPIDOCTORと書かれた大理石の板がロープで囲われています。エル・シドの墓です。聖堂内に埋葬される前は回廊の壁に、木製の棺に入れられて置かれていました。

　1984年にブルゴス大聖堂はユネスコの世界遺産に登録されています。

エル・シドの墓

サンタ・マリア門

城壁で囲まれた中世のブルゴスには7つの門があり、サンタ・マリア門はその一つで、アルランソン川に架かったサンタ・マリア橋を渡ってすぐに門があります。

門は、14世紀末から15世紀初旬に建設されていましたが、1556年に国王カルロス5世がブルゴスを訪れることになったので門は建て替えられました。新しい門はそれまでの門より立派で、まるで城を思わせるようなデザインで造られた現在の門です。

中央の最も高い位置に置かれた聖母マリアの像の下に街の守護聖人が付けられています。門の中ほどに立っている6人の像の中で、上の段の中央がカルロス5世です(この国王についてはアンダルシアで紹介しています)。国王の右側に、カスティーリャ王国の最初の伯爵になったフェルナン・ゴンザレス、左にはエル・シドが剣を持って立っています。

下の段の三人は、中央に街の創設者のディエゴ・ロドリゲス、左右の剣を持たない二人は裁判官です。

巡礼者達は大聖堂に立ち寄るとサンタ・マリア門を抜けます。その時門を振り返って見た後、橋を渡ってサンティアゴ・コンポステーラに向って歩きます。サンティアゴまで残り500キロの距離です。

レオン

　ガウディの建築物「カサ・ボティネス」があるサン・マルセロ広場からカフェや商店が並んだアンチャ通りを真直ぐ400メートルほど歩くと大聖堂に到着します。これは城壁の横幅の距離で、サン・マルセロ広場のように一部は撤去されてはいますが、かつては1,850メートルの城壁で囲まれていました。

マヨール広場

　大聖堂以外にも観光スポットのサン・イシドロ教会やマヨール広場も城壁内の旧市街にあり徒歩で見学が可能です。

　ローマの第7軍団 (Legio VII) が、1世紀から5世紀までレオンに駐屯しました。この軍団はローマ帝国が崩壊するまでイベリア半島に残った唯一の軍団で、一説によると、第7軍団のレヒオンという言葉からレオンという名前がつけられたと言われています。

　イベリア半島のほとんどを支配したイスラムに対しての聖戦「レコンキスタ」は北部のアストゥリアの山岳地帯から始まりました。ドン・ペラヨがコバドンガの戦いで初めてイスラムに勝利し、カンガス・デ・オニスにアストゥリア王国を築きます。9世紀に首都をオビエドに定めますが、アルフォンソ3世が亡くなるとアストゥリア、ガリシア、カンタブリア山脈を越えた内陸の領地が3人の息子たちに分け与えられます。その中のガルシアが、910年にレオンを首都としたレオン王国を建設するとガルシア1世として即位します。レオン王国はスペイン北部から中央部までイスラムから領土を奪回しています。

　1230年にカスティーリャ王国と併合になり主役を奪われますが、レコンキスタにおいてレオン王国の功績は大きいものです。サン・イシドロ教会に隣接した王宮の見学は可能で、王家の礼拝堂であったパンテオンのロマネスクの壁画はお勧めです。

　マドリードからレオンまでは新幹線で2時間弱で到着でき交通の便は良いです。

レオンの城壁

レオンで観る

大聖堂

レオン大聖堂はステンドグラスの美しさにおいて、ドイツのケルンとフランスのシャルトルの大聖堂と並び、ヨーロッパを代表する美しいステンドグラスの教会で、教会内に一歩足を踏み込むとその美しさに圧倒されます。特に午後の西日が差し込む時間なら感動はひとしおです。

現在の大聖堂は3度目に建設されたもので、レオン王国が誕生する前の最初の教会はロマネスク様式でした。

二度目の教会もロマネスクで、1073年にオルドーニョ2世が古くなった教会の建て直しをさせ約100年後に完成します。ところがアルフォンソ9世が豪壮で美しい教会を希望したので1205年に3度目の建て直しが始まりますが、建設が始まってすぐに経済的な理由により工事は中止され、半世紀の間そのままにされてしまいました。

1255年にアルフォンソ10世が工事を再開させ、1302年にフランスゴシックの大聖堂が完成します。しかし、その後に円天井が崩れ落ちたり、1755年にはリスボン大地震により被害に遭い、何度か大規模な修復が行われています。

レオン大聖堂

教会の西側と南側に門があり、それぞれの入口に3つの門が付けられていますがブルゴス大聖堂のサルメンタル門に良く似ています。

西側の中央の門は白い聖母の門で、わき柱に聖母マリア像が刻まれています。タンパンの最後の審判もテーマはブルゴスと同じです。左側は聖ヨハネ門で、イエスの誕生をテーマにしています。右の聖フランシスコ門には聖母マリアの戴冠と埋葬が刻まれています。

レグラ広場から見る大聖堂は2つの塔が建っていて、左の塔の高さが65メートルに対して右側の時計がある塔は68メートルと3メートル程高さが違っています。両方の塔の建設は13世紀に同時に始まりましたが、左の塔が14世紀に完成したのに対して、右の塔は途中で工事が中断された為に完成が100年も後になったからです。

教会内部の大きさは長さ90メートル、幅29メートル、そして高さは天井まで30メートルです。身廊の左右に側廊を付けた3廊のラテン十字の教会です。

祭壇画は15世紀のもので、街の守護聖人、聖フロイランの生涯が描かれています。聖歌隊席はスペインで最も古く15世紀のものです。

134の窓と3つのバラ窓を装飾しているステンドグラスは13世紀から15世紀のもので総面積は1,800平米です。2015年からステンドグラスの修復が始まり、全ての修復に要する期間が40年かかるとみられていて、例えば、バラ窓一つでも2年は要するそうです。因みにステンドグラス1平米に必要な金額は約6,000ユーロもします。

白い聖母の門

レオン大聖堂のステンドグラス

サン・イシドロ教会

サン・イシドロ教会

教会は典型的なロマネスク建築で、サン・イシドロ広場に面した子羊の門が教会への入口で、門のアーチに子羊の頭が付けられ、タンパンにも二人の天使に支えられた神の子羊が刻まれています。アーチの左右の壁に二人の聖人のレリーフが刻まれていて、左が聖イシドロ、右が聖ペラヨで、アンダルシアで殉死した二人の遺骨がこの教会に葬られています。

もう一つの門は免罪の門で、何らかの理由でサンティアゴまで行けない巡礼者も、この門まで到着すると巡礼をしたことになるという門です。聖パウロと聖ペテロのレリーフが刻まれています。

元々の教会は10世紀半ばに聖ヨハネに捧げられたものでしたが、988年にコルドバ王朝のアルマンソールにより壊されてしまいました。現在の教会は1063年のものですが後に拡張されています。

隣接した建物は博物館で、王宮と、素晴らしいロマネスク壁画が残る王家の霊廟パンテオンを見学するには中のチケット売り場で入場券を購入して下さい。

パンテオンは柱によって2つの部屋に分けられ、それぞれの部屋の天井に3つのクーポラが付けられています。壁画はイエスの生涯がテーマで、生誕、受難、復活に関して描いています。

生誕

受胎告知、聖母の訪問、ローマ兵による幼児虐殺、エジプトへの逃避

受難

最後の晩餐、磔ですが、最後の晩餐に描かれたユダは晩餐に出された魚を盗もうとしています。

復活

全能者の栄光では、地上に足を置いて祝福するイエスの周囲にシンボルで表された4人の福音記者が描かれ、「私は世界の光」と書かれたページを開いた本をイエスが持っています。

もう一つ、アーチの裏の農民のカレンダーが描かれていて、1月から12月までの仕事が円の中に表されています。

1月　ヤヌス神が古い年の終わりと新しい年の始まりを伝えています。

2月　寒い冬なので老婆が火で身体を温めています。

3月　葡萄の古い枝を覗いています。

4月　若者が新芽を手にしています。

5月　軍の遠征を表しています。

6月　茎の刈りとり。

7月　稲の収穫。

8月　収穫後の麦打ち。

9月　葡萄の収穫。

10月　豚に餌をあげて太らせています。

11月　屠殺

12月　一年の終わり。足を温めています。

カサ・ボティネス

フェルナンデス・イ・アンドレスという繊維会社の二人の経営者が建築主で、仕事上で取引関係にあったグエル侯爵の紹介

でガウディーが建設を引き受けました。当時、ガウディはアストルガで司教館の建設中であり、アストルガに近いレオンは都合が良かったことも引き受けた要因です。

設計はガウディが担当し、工事はアウラウディ・アルシナが担当しています。城を思わせるような外観の屋上に4本の黒い尖塔が付けられていますが、セゴビアの城の塔に似ていてアストルガの司教館にも使用

カサ・ボティネス

しています。窓はレオン大聖堂の窓に似せていて、玄関入り口の上に竜を退治する聖ジョルジュの彫刻が付けられています。

　建物の内部は、半地下が倉庫で1階が店舗、その上の階は16の住居になっていました。

　1982年1月4日に着工しわずか1年で完成していますが、ガウディーの設計から建築するにあたってレオンで職人が見つからず、カタルーニャから連れて来なくてはならなかったようです。

　ボティネスという名前は、繊維会社の創立者の苗字であるボティナスから取られています。

マヨール広場

　広場は街の外にありローマ人が造った城壁に隣接していました。この広場は周囲の村から集まった農民達が市場を開いていた場所です。

　17世紀の大火事で周囲の家屋とともどども広場も被害に遭い、市は新しく広場を造りますが、設計のミスなのか、広場は真四角ではなく若干歪んだ形をしています。3階建の建物で囲まれた広場は市民の集会場になっていて、色んな行事が行われ、露天市も開かれました。現在も、毎週水曜日と土曜日に露天市が出ます。

　当時、この広場を中心に毎日パンが売られていたので「パンの広場」と呼ばれていたようです。

　広場とその周囲には飲食店が集まっていて昼夜人で賑わっています。

カスティーリャ・イ・レオンで食べる

この地方の料理と言えば丸焼き料理が有名です。特に仔羊の腿焼きは絶品で、美味しい肉を食べさせてくれる店には必ず窯があり、薪火で焼いた仔羊や仔豚を食べさせてくれます。肉を焼いている間、窯から漂ってくる香ばしい匂いが食欲を誘い、焼き上がった肉に焼き汁をかけたものを素焼きの皿に乗せてウェイターがテーブルまで運んできます。

ブルゴスでは、街の中心にあるリベルタ広場に面してカサ・オヘダというレストランがあり、その店の仔羊の腿肉を焼いたものは絶品です。腿肉以外にもアバラ肉もお勧めです。1階はカフェテリアですが、2階が高級感のある本格的なレストランになっているのでゆっくりと食事ができます。

コシド・マラガト

ガウディの司教館があるアストルガ一帯はマラガテリアとよばれる地域で、コシド・マラガトという煮込み料理があります。使用する材料は他の地方とあまり差はなく、チキン、ベーコン、腸詰などを玉ねぎ、キャベツなどをたっぷりのひよこ豆と一緒に煮込む料理です。ただし料理の出し方に違いがあり、コシド・マラガトの場合は、最初に皿に盛られた煮込みを食べた後にスープが出てきます。

B級グルメ モルシーリャ（MORCILLA）

モルシーリャとは血のソーセージのことで、豚の血とライス、玉ねぎを腸詰にしたものでブルゴスの名産です。同じモルシーリャでも他の街のものとは味が全然違い、私がマドリードで初めて食べたモルシーリャは好きになれませんでした。ところがブルゴスで食べる機会があり味わってみると全く違い、それからモルシーリャの概念が変わりました。

B級グルメ ティグレ（TIGRE）

　ムール貝を細かく刻んで味付けしたものを殻に戻し、その上にベシャメルソースをかけてオーブンで焼いたタパスの一種でカレー味にする場合が多いです。本来はガリ

シア地方発祥の料理ですが、紹介したブルゴスのカサ・オヘダのティグレは中々いけます。

ティグレ

セシーナ

B級グルメ セシーナ（CECINA）

　スペインは生ハムで有名ですが、レオン州の山間部では豚の代わりに牛を使ってセシーナというハムを作っています。使用する牛はボビナスというカスティーリャ・イ・レオン州原産の牛ですが、年齢が5歳以上で重さが400キロ以上でなければなりません。肉はお尻の部分のみ使用します。

　セシーナを作る時期は11月から3月までの寒い時期で、塩漬けして水洗いされた肉を1か月程乾燥させた後に半月ほどスモークします。そして室内で窓の開閉によって温度を10度程度に保ちながら室内乾燥させます。肉以外に使用するのは塩だけです。

ワイン

リベラ・デル・ドゥエロ

　ドゥエロ川はカスティーリャ・レオン州のソリア県のウルビオン山を水源にして、ポルトガルのポルトまで897キロを流れる川で、スペインからポルトガルに入ると名前がドウロ川に変わります。全長897キロの川の中、572キロがスペイン、213キロがポルトガルの流域を、残りの112キロはスペインとポルトガルの国境線上を流れています。

　リベラ・デ・ドゥエロワインになる葡萄はドゥエロ川の両岸の長さ115キロ、幅30

キロの流域で栽培され、カスティーリャ・レオン州の4つ県にまたがっています。その中でブルゴス県の割合が一番多く75%を占め、残りはバリャドリード県20%、ソリア県4%、セゴビア県1%という割合です。

誰かが、スペインの気候は4ヶ月の冬と0ヶ月の地獄と言ったそうですが、酷寒と酷暑のこの地方こそがまさにそれでしょう。気温の差は昼と夜で20度になることもありますが、逆にそれがワイン作りの為の葡萄にとって好ましい環境だと言われています。

栽培される葡萄は主にテンプラニーリョ種で、リベラ・デ・ドゥエロの赤ワインには75%以上のテンプラニーリョ種を使用することが義務付けられています。

この地方のワイン作りもローマ人によって始められたもので、12世紀には修道院が収穫からワイン作りまで管理をしていた時代がありました。

13世紀には地下の洞窟での熟成が考えられ、その後は地下のワイナリーが一般的になっていきます。酷暑の夏でも、地下では温度が一定していることを利用した人間の知恵です。

アランダ・デ・ドゥエロというワインの産地がありますが、市街の路地に面した家には、道と交わる部分に小さな小窓が付けられていています。それは、かつて地下をワイナリーにしていた名残で換気用の窓として使っていたものです。中心地にドン・カルロスとエル・ルガール・デ・イシリャという歴史あるレストランがあり、まるで塹壕のような地下ワイナリー跡が残されています。

リベラ・デ・ドゥエロは20世紀まで、それぞれの街がかってにワインの管理をしていたので、統一されていませんでした。評議会が発足したのは遅く1980年になってからです。すばらしいワインを持ちながらも、原産地呼称に認定されたのが1982年と遅かったのはそういう理由からです。

世界中のワイン愛好家が一度は飲んでみたいというベガ・シシリアやピングスもリベラ・デ・ドゥエロに属します。これらのワイナリーでは独自のワイン作りをしていて、ベガ・シシリアの場合は樹齢100年以上の古い葡萄の木から作るので収穫量は少なく年間のワインの生産量に限りがあります。

バレンシア州

パエリャの発祥地

　マドリードから新幹線で1時間45分の所要時間の間、山間の景色を眺めているとバレンシア到着前にオレンジ畑が見え始めます。温暖な地中海気候を利用して栽培されるバレンシアのオレンジは世界でも有名です。

　バレンシア州はバレンシア、カスティリョン、アリカンテの県からなり、どの県も気候が温暖です。

　大昔から人類が暮らしていて、旧石器時代の洞窟が多く残っていますが、その中でもボロモールの洞窟が最も古く今から25万年程前の住居跡があります。古代人は穏やかな気候のバレンシアで狩猟と果実の収穫で生活をし、雨風を防ぐ洞窟で暮らしていたようで、狩猟に使用した矢じりなどが発見されています。洞窟は海岸線から2キロ程内陸にありますが、彼らが暮らしていた時代には洞窟の近くまで海があったようです。

　それよりずっと後の紀元前3世紀にローマとカルタゴがスペインを舞台に戦います。第二ポエニ戦争です。紀元前201年にハンニバル率いるカルタゴ軍に勝利を収めたローマはバレンシアを属州にすると、イベリア半島で調達した食料を一旦バレンシアに集めてからローマまで運んでいたようです。

　6世紀から8世紀にかけて西ゴートが支配しますが当時の遺跡はあまり残っていません。

　バレンシアに最も影響を与えたのはイスラム教徒で、彼らは街を整備し、バレンシアやシャティバなどに強固な城壁を建設しています。農業においてはバレンシア郊外で、彼らが持つ灌漑技術を使用して農地を広げています。スペインではバレンシアの米は有名ですが、稲作もイスラム教徒によって伝えられたものです。また、イスラム時代には観賞用でしたが、オレンジも彼らによって持ち込まれました。

　レコンキスタの後、バレンシアでは14世紀から商業都市として発展し、18世紀まで絹の取引でヨーロッパの中心地になり、同時に繊維産業で栄えます。その当時に取引された絹はシルクロードを通って運ばれたものでした。

　しかし、18世紀に入ると絹取引に陰りが射し始めバレンシア経済は落ち込みます。米やオレンジの農作物は生産高を伸ばしマドリードやバルセローナに輸出をしましたが、絹には及びませんでした。

　19世紀中旬からバレンシアは工業化を進めます。更に、20世紀になると蒸気機関

の導入と鉄道網の発達により産業は近代化され、20世紀初頭には、スペインにおいてバレンシアはカタルーニャに次ぐ第二の工業地域に発展します。現在は観光も重要な産業になり、それ以外にも家具や陶器もバレンシアの産業の一つになっています。

パエリャ

アリカンテ

エル・パルマール

バレンシアで観る

大聖堂

1238年、アラゴン王ジャウメ1世はバレンシアをイスラムから奪回するとモスクを取り壊して教会を建設しました。

工事は1262年に始まりましたが完成した時は15世紀になっていました。完成まで時間を要したのは、工事途中で、最初のロマネスク様式から、ゴシック、そしてルネサンス、バロックと教会の様式が変わっていったのと、1459年に、予定の大きさの大聖堂を拡張することにしたからです。最終的に大聖堂の長さは94メートルになりました。

大聖堂には3つの門がありますが、どの門も違った様式で建てられています。例えば、西側で教会の入口になっている鉄の門は18世紀のバロック様式ですが、南側の最も古いパラウ門は13世紀のロマネスク様式です。もう一つの北側のミカレット通りに面した使徒の門はゴシック様式で門の左右にイエスの12使徒が刻まれています。尖頭アーチのタンパンに描かれている彫刻は天使と楽師達です。この門は14世紀のものです。

鉄の門の隣にミゲレテの塔が建てられています。塔は14世紀から15世紀に造られた高さ70メートルの鐘楼で、200段以上ある階段を上るとバレンシアの街が一望できます。

教会の内部はゴシック様式がベースですが、祭壇はバロック様式で造られています。

天井のクーポラに描かれたフレスコ画はルネッサンス様式で鮮や

かな青色のクーポラに楽器を演奏する天使達が描かれていて印象的です。

バレンシアの大聖堂にはイエスが最後の晩餐で使った聖杯が保管されています。

一説によると、聖杯は聖ペテロによりローマに運ばれ教会で保管されていましたが、ローマ軍の迫害が迫ると、シスト2世が助祭のロレンソに聖杯を預けてそれを守るように命じたとされています。

聖杯はロレンソの出身であったピレネー山脈の裾のスペインのウエスカに運ばれるとサン・フアン・デラ・ペニャ教会に置かれていましたが、それを1424年にアラゴン王のアルフォンソ5世がバレンシアに移し、それ以後は大聖堂で保管されています。

メノウで作られた聖杯の高さは7センチです（メノウの部分のみが聖杯です）。それが本当に最後の晩餐で使われたものであるかどうかは皆さんの判断にお任せしますが、聖杯が1世紀のものであることは証明されています。

見学する場合には別途にチケットを購入する必要があります。

ロンハ・デ・ラ・セダ

絹の取引で発展した15世紀のバレンシアは経済的に頂点に達していました。中国からシルクロードを通ってバレンシアまで運ばれた絹はロンハで取引されていました。

絹の売買自体はイスラム時代からありましたが、その当時の規模はあまり大きくなかったようです。レコンキスタ後、アラゴン王フェルナンド2世が絹貿易を奨励したことにより、バレンシアは絹取引でヨーロッパ中で有名になり18世紀まで続きます。ところが19世紀に入ると陰りがさし1854年に廃止されました。

ロンハ・デ・ラ・セダは三つの建物からなっています。

1階が商品の商談が行われた取引の間

で、天井まで17メートルある部屋の柱は船のロープを表す螺旋で装飾されています。天井に到達した螺旋のロープはニッチに繋がりナツメヤシのようで、部屋はまるでオアシスのようにも見えます。かつて、円天井は青く塗られていて、その当時はヤシの森から覗く空のように見えていたかも知れません。大理石の床を見るだけで、当時バレンシアがいかに絹取引で繁栄していたか分かります。

　建物の中央にある塔の内部は見学が出来ませんが、取引の間から螺旋階段で上れるようになっています。塔の一番上の部屋は商品の支払いをしなかった商人を入れる牢屋として使われていました。

　一度オレンジの中庭に出て頂き、そこか

ら階段で2階に上ると調停の間があります。取引上で問題が発生した場合、この部屋で調停及び裁判が行われました。ルネッサンス様式の部屋の木の天井には細かな彫刻がなされ金箔がふんだんに使われています。細かな彫刻を見ていると首が疲れますが、一つひとつの彫刻が物語のようで、見ていて楽しいです。

中央市場

ロンハの前に中央市場があります。市場が建設されるまでは土の広場で、そこに露店が並んでいました。役場は清潔感のない露天市場を撤去して新たに市場を建設することを決めると1910年に市場の設計のコンクールを行いました。選ばれたのが、フランシスク・グアルディア・イ・ビアルと

アレサンドレ・ソレル・イ・マルクの二人の作品でした。二人の建築家はバルセローナで有名な建築家であったルイス・ドメネック・イ・モンタネルの元で働いたことがありました。

工事は1914年に始まり1928年に鉄をふんだんに使ったモデルニズムの建築物の市場として完成しました。モデルニズムはアールヌーボーのスペイン版で、主に鉄とガラスを用いますが、市場の正面の装飾にもガラスとバレンシアの陶器を使用しています。

中央の円形のクーポラは市場らしからぬ、タイルとガラスで装飾され明るい雰囲気が印象的です。何よりも、上部のガラスを通して自然光を取り入れるように設計されています。

市場内の約300のスタンドで、肉や魚、そして野菜は勿論の事、あるとあらゆる食品が売られていて活気があります。オレンジ専門店では絞りたての生のオレンジジュースが買えバレンシアらしい気がします。

シウダ・デ・ラス・アルテス イ ラス・シエンシア

直訳すると芸術科学都市です。当時の市長がパリで科学の街を訪問した時に、同じものをバレンシアに造りたいと考えたことがきっかけで計画が始められ、建設場所をトゥリア川の河口に近い河川敷に決定しました。

川と言ってもバレンシアの街は川の水が流れていません。トゥリア川は過去に何度も洪水により街に被害を出していますが、81人の死者を出した1957年の最後の大洪水の後に、これ以上洪水による被害が街に及ばないように、バレンシアの街の手前で川をせき止めて運河に水が流れるようにしています。

35万平米の土地に建ち並ぶ斬新な近代建築物は、科学博物館の他に、海洋水族館、コンサートホール、イベント会場があり、どの建物も斬新なデザインです。建築家はバレンシア出身のサンティアゴ・カラトラバです。

科学博物館からプールを挟んで隣に幅60m、高さ18mの白いアーチが320m立ち並んでいます。面積が7,000平米のこのスペースは地中海の植物が植えられた散歩コースになっています。

バレンシアで食べる

バレンシアと言えば誰もがパエリャを思い浮かべるほどバレンシアはパエリャで有名ですが、何でも15世紀もしくは16世紀に農民が簡単に食べられる料理として考えられたのがパエリャだと言われています。

バレンシアの街から西に20キロほどにアルブフェラ湖という湖があり、そこから水を引いた水田が湖の周囲に広がっています。日本で馴染みのある風景ですが、栽培される米もぽっちゃりとしたジャポニカ米が栽培されています。

米作りは、まだバレンシアがイスラム支配であった13世紀にイスラム教徒によっ

て導入されたものです。スペイン人なら誰もが米の産地と言えばバレンシアと答えるでしょうが、州を越えたカタルーニャ州のエブロ川の河口でも米を生産しています。バレンシア人にそれを言うと「質が違う」と相手にされませんでした。それほど米に自信を持っているのでしょう。

幸か不幸か、バレンシアと言えばパエリャがあまりにも有名すぎて他の料理がすぐに出てきませんが、パエリャにも色んな種類があるのでいくつか紹介します。バレンシアのレストランでは一人前でも注文できる店もありますが、二人前からが一般的

なので注意して下さい。

パエリャ・バレンシアナ
(PAELLA VALENCIANA)

　我々日本人が持つパエリャのイメージは
シーフードをたっぷり使ってバロック風
に盛られたパエリャだと思います。残念な
がら、シーフードを使ったパエリャはパエ
リャ・デ・マリスコスと言って、何処のレ
ストランでもメニューに記載されているの
で、シーフードのパエリャを食べたい場合
はそれを注文すれば間違いありません。

　では、バレンシア風パエリャとはどんな
素材を使うかと言えば、野菜、特にバレン
シアで栽培されるガラフォンというインゲ
ン豆(通常のインゲンに比べて幅が広い)を
使い、肉はチキンとウサギを使用するので
ご注意下さい。

　兎は日本人にとってはペットのイメージ
があると思いますが、ヨーロッパでは家畜
同様に食べるものと考えられていて市場に
行くと皮を剥がれた兎がぶら下がっていま
す。

アロス・ア・バンダ (ARROZ A BANDA)

　具のはいっていないパエリャですが、
ちゃんと具は出汁として使っています。店
によっては使用した具を別の皿に乗せて出
してくれる所もあります。

　食べる時はアリオリソースを付けながら
食べるのが一般的ですがソースをつけなく
ても美味しいです。出汁を吸った米だけス
プーンで食べればよいので個人的には面倒
くさくなくて好きです。

アロス・アル・オルノ (ARROZ AL HORNO)

　これはオーブンで焼いたパエリャで、ポテト、肉、ベーコン、腸詰をフライパンでたっぷりのオリーブオイルで炒め油を切ります。

　陶器の鍋でサフラン、トマトソース、米を炒め、その上に炒めておいた材料を並べ、更に出し汁を加えます。最後にそれをオーブンで焼くパエリャです。

パエリャ以外の料理

アル・イ・ペブレ (ALL Y PEBRE)

　この料理は鰻料理です。鰻漁は12月から3月までの間のみ解禁で、アルブフェラ湖で捕られた鰻は生きたまま市場で売られます。この料理はシンプルで、鰻をぶつ切りにしてポテトと一緒に煮た料理です。アル・イ・ペブレとはニンニクと胡椒という意味で、それらは味付けに使われます。

エスガラエット (ESGARRAET)

　材料は赤ピーマンと塩ダラの身、そしてニンニクです。赤ピーマンは焼いて皮を取り除いたものをオリーブオイルにつけて柔らかくします。タラは塩抜きしたものを身はほぐして細かくして、下ごしらえした赤ピーマンと、みじん切りにしたニンニクを一緒に器に入れ、混ぜ合わしてサラダにします。タパスに出してくれる店もあります。

タパス

　セラノの塔から大聖堂あたりまでがカルメン地区になり、カルメン広場を中心にバールが点在しています。注文する時はカウンターに並んでいるので指で指すだけで大丈夫です。

　メスタージャ・スタジアムのすぐ横にあるバレンシアのオフィシャルショップの前にはバール・マノロという店があります。オーナーのマノロさんは有名人で、サッカーのスペイン代表戦があると太鼓を持って必ず応援に行っていました（引退を表明しました）。スペイン戦をテレビで観戦すれば彼を見る事ができます。「エスパー

ニャ！」と叫んでドン、ドン、ドンと太鼓を
たたく、あの独特のボイナという平たい帽
子を被ったおじさんです。通常は店に出て
いて、私が行った時もビールをサーバーで
注いでいました。サッカーファンの方は是
非。

バレンシア独特のドリンク
オルチャータ (HORACHATA)

バレンシア発祥の夏のスタミナドリンク
です。

材料はチュファというカヤツリグサ科の
植物の根っ子で、一度乾燥させたものを煮
て豆乳のようにして、砂糖で味付たシンプ
ルな飲み物です。

バレンシアの街外れのオルチャータ通り
にダニエルという専門店がありますが夏
場しかオルチャータはありません。そこま
で行く時間がない人は、街の中心では大聖
堂のすぐ近くにサンタ・カタリーナとい
う100年以上の歴史を持つオルチャータ
専門店があるのでそこで是非試してくださ
い。

バレンシアのオレンジ

柑橘類の原産地は中国南部らしく、
4,000年以上も前から栽培されていたよう
です。バレンシアには9世紀から10世紀
ごろにコルドバ王朝のイスラム教徒によっ
て観賞用として持ち込まれたようです。甘
い香りを醸し出す白い花をイスラム教徒が
好んだようですが、味は苦くて食用ではあ
りませんでした。おそらく橙のようなもの
だったでしょうが、シルクロードでエジプ
トに運ばれたオレンジはイスラム教徒によ
りヨーロッパに広がりました。

今のようなオレンジが作られたのは
1781年のことで、庭いじりが好きだった
ビセンテ・モンソという神父が接ぎ木によ
り甘いオレンジを作りだします。それを、
カルロス・マセレスとジャシント・ボルディ
という二人の友人と一緒に栽培を始め、後
に温暖な地中海沿岸に広がったようです。

バレンシアで栽培されたオレンジはマド
リードやバルセローナに売られると、クリ
スマス用のデザートとして好まれました。
季節限定のデザートだったのですね。

海外にオレンジの輸出を始めたのは遅
く、19世紀に入ってからで、フランスのマ
ルセーユが主な輸出先でした。現在、スペ
インでのオレンジの生産量は世界で6位で
すが、最近はモロッコやアルゼンチンなど
から安いオレンジが輸入され、栽培を止め
る農家も出ています。

バレンシアのワイン

　地中海沿岸のバレンシアの葡萄栽培は北アフリカのカルタゴによって伝えらローマ人によって発展しました。

　バレンシアワインには３カ所の原産地呼称があり、バレンシア、アリカンテ、ウティエル・レケナです。暖かい気候で育つ葡萄で作られるワインの所為かやや酸味が足りないという印象があります。

アリカンテ

　1932年に原産地呼称に認定されたアリカンテの葡萄畑は海岸線から内陸に入った乾燥した降雨量の少ない土地で、ムルシア県のフミージャと道路を挟んで畑が隣接しています。ここで栽培される葡萄は主として、黒葡萄はガルナッチャとモナステル、

白はマカベオで、量は多くはありませんが、糖分の高いモスカテル種も栽培されています。

　フェニキア人によって葡萄が紹介されたという説もあるが、やはり葡萄栽培に貢献したのは後継者のカルタゴ人によるものではないでしょうか。そして、ローマ人により葡萄畑は拡大されました。

　アリカンテワインはアリカンテ港から16世紀にイギリスやオランダに輸出されていました。その後輸出は一時落ち込みますが、19世紀に一気に花を咲かせ最盛期を迎えます。理由は、フィロキセラの被害によりワインの生産が難しくなったフランスがスペインからワインを輸入したからです。港があるアリカンテからフランスに輸

アリカンテの港

送することは簡単でした。

　その当時のワインの生産量は今より多く、93,000ヘクタールの葡萄畑から年間1億2,000万リットルのワインを生産していました。

　しかしそんな時代は長く続かず、フランスからの注文が途絶えると同時にアリカンテのワイン産業は落ち込んで行きます。

　20世紀になるとアリカンテの主な産業がリゾート産業に変わります。ワイナリーが減り葡萄畑は縮小されましたが、90年代になって、最新の技術を取り入れた新規のワイナリーによりアリカンテワインの品質向上に力を入れています。

ウティエル・レケナ

　葡萄畑はバレンシアから80キロ程マドリード方面のウティエルとレケナの2つの街の間にあります。

ウティエル・レケナの葡萄畑（ボバル種）

　スペインの地形は海からすぐに山になり中央が平地という地形でメセタと呼ばれています。ウティエルもレケナもメセタ大地にあり海抜は700メートルの平坦な土地に4万ヘクタールの葡萄畑が広がっています。

　この付近は大陸性気候ですが海岸に比較的ちかいので地中海性気候も少し混じっています。温暖な気候ですが、昼と夜の温度差は地中海沿岸と比べて差がありワインに

適した葡萄栽培には良い条件の土地と言えるでしょう。

栽培されている葡萄の80%はボバルという種類で、この品種は他の地方ではほとんど見かけられません。ボバルは一粒のサイズが大きく香りが高く酸味が適度にあるのが特徴です。

バレンシアの祭り

バレンシアの火祭り（LAS FALLAS）

3月19日のサン・ホセ祭は春の訪れを知らせる祭りです。

3月15日から16日にかけ、バレンシアの街の広場や通りにファジャ（FALLA）と呼ばれる、圧縮紙材と木材で作られた巨大な人形が置かれます。

3月1日から毎日14時に市庁舎広場で爆竹が鳴らされ、ロケット花火が打ち上げられます。クライマックスは3月19日の夜で、24時に人形が燃やされます。

この時期にはファジェラという民族衣装を着た大人から子供までの女性が各行事に現れます。また、闘牛も開催され、スペインではバレンシアの火祭りから正式に闘牛のシーズンになります。

翌年の火祭りの人形を製作中

トマティーナ

1945年の8月最後の水曜日は張子の巨人が行進するブニョールの祭りで、行進する巨人以外にも音楽隊や一般の参加者が広場で列を作っていました。その列に数人の若者が無理やり割り込むと勢い余って一人の若者を倒してしまいました。倒されて怒った若者が殴りかかったので喧嘩になり、それに双方の仲間達が加わったので乱闘になってしまいました。その時に一人が近くにあった野菜のスタンドのトマトを投げつけたのがきっかけで喧嘩はトマトのぶつけあいに変わってしまいました。よく年の祭りの日、若者達は家から持って来たトマトでトマト戦争を始め、それが毎年の恒例行事になったという逸話があります。

1957年には張子の巨人の行進は中止になり、代わりにトマト祭りが正式の祭りになったようです。

祭りは11時に始まり12時の終了の合図がなると一切トマトは投げてはいけません。他の人のシャツを破ったりすることも禁止されていますが、実際にシャツを破られる人は多くいます。

使用されるトマトは15万トン以上で、投げる時は指で潰してから投げることになっています。

当日は前夜から飲み明かして酔っぱらった人達も多く、設置されたトイレは長蛇の列になります。終了後は所々にある水道の水でトマトを流し落とすことができます。

平橋 弘行
Hirahashi Hiroyuki

8才の時に一人で旅したのがきっかけで旅行が好きになり夏休みや冬休みを利用して国内の旅を始める。

独学でスペイン語を学んだ後、スペインに留学。

旅行がブームでない時にバックパックやオートバイで世界を旅する。

旅行会社に勤務し駐在員としてスペイン赴任し現地法人を立ち上げる。

旅行会社を退社後に独立して旅行会社 PSM アドベンチャーを設立。

巡礼街道を何度か歩き、自転車でも走行、アトラス山脈やピレネーのトレッキングを体験。3日間であるが、夏にサハラをラクダで旅を体験する。

巡礼街道では撮影のコーディネート、国立民族学博物館の巡礼街道の永久保存版ビデオの撮影に関してコーディネーターも経験。

アンダルシアの町モンテフリオと高知県の安田町との姉妹都市締結をさせる。

料理とワインが好きで各地の名物料理を味わいワイナリー見学が趣味。

スペイン滞在30年の経験を生かしてアドバイスや企画を提供している。

スペインが好きになる本

2021年9月16日　初版発行

著　者　平橋　弘行

発行所　学術研究出版
　　　　〒670-0933　兵庫県姫路市平野町62
　　　　［販売］Tel.079(280)2727　Fax.079(244)1482
　　　　［制作］Tel.079(222)5372
　　　　https://arpub.jp

印刷所　小野高速印刷株式会社
©Hiroyuki Hirahashi 2021, Printed in Japan
ISBN978-4-910415-47-5